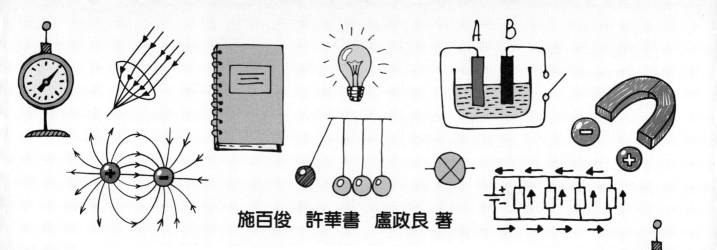

施百俊　許華書　盧政良 著

學測物理下

電磁、能量與量子

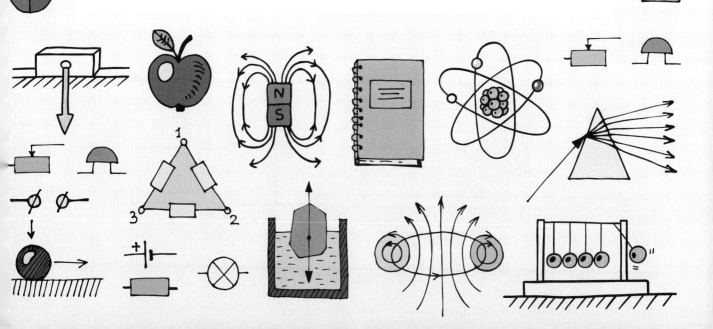

《學測物理》大補帖的補充說明

各位考生大家好：

　　《學測物理（上）：科學態度與方法、物質與運動》在 2020 年底出版時，正好是 108 課綱實施前最後一批的高中生要考學測。本書一出版，造成了一定程度的詢問熱潮，「什麼時候要出學測物理（下）？」所以，我們三位作者只好日以繼夜、焚膏繼晷的把這本下冊給趕出來了。如果上冊還沒買，請一定要一起買。承蒙厚愛，感激不盡。

　　我們一開始的目標是要針對新課綱提供一本新的參考書，內容不僅要符合新課綱素養導向、跨領域、生活化、脈絡化的目標，更實際的，還要作為學測考試前快速複習、充實素養的大補帖。相對應的課綱條目都會標示在各節之前，另外，課綱也有特別說明「學習表現」，也就是「學會了應該知道些什麼，如何表現？」的意思。授課教師可以用來評估學生學習成效；學生可以用來檢視自己所學；更重要的，這也是命題老師出題評估素養的依據，值得多留意。

　　由於課綱和考試都是全新的方式，又得趕時間上市，我們也是邊寫邊摸索。上冊有一些不盡如人意的地方，請多包涵，會在改版時一併修正。另外，由於考試的範圍「一定大於」課綱，我們也想補充一點「加深加廣」的內容，讓同學可以從制高點往下爬，一定會比往上爬來得省力。內容深度也更加明確的設定在「社會組同學也能懂」的程度，請社會組同學千萬不要放棄考物理（自然科），以免白白放棄了幾百個可選的科系。

　　在上冊附錄中，我們放了學習和應考的祕笈，收到廣大的迴響。所以，下冊除了更深入的探討素養導向的教學與命題，我們再加碼，甚至教你怎麼「猜答案」。不敢說能保證你考多高分，但認真學會了，每科多考一、兩級分絕對沒問題。只此一家，別無分號。請介紹你的同學們一定要買一本。

　　其他說明請見上冊，就不在此重複了。

　　一本書的完成非僅作者之功，背後還有數十、數百人的心血與努力。所以，我們想趁此感謝五南圖書出版公司的黃文瓊主編、李敏華責編，還有當初促成本書寫作的陳念祖主編，以及所有辛苦的出版團隊。如果本書受到肯定，全是他們的功勞。如果內容有所疏漏，都是我們作者的責任，請不吝來信告知： bjshih@mail.nptu.edu.tw

施百俊、許華書、盧政良

2021 於臺灣

目錄 | CONTENTS

03 量子 065

01

電與磁

　　磁石吸引含鐵物質的觀察可以追溯到西元前六世紀的希臘哲學家泰勒斯，而磁的英文名稱「magnetism」也是由最早發現磁石的希臘麥格尼西亞（Magnesia）而來。公元前一世紀，西漢時代也有提到磁石的記載。後來公元一世紀，東漢王充觀察到：「頓牟掇芥，磁石引針。」白話文就是摩擦後的琥珀能吸引草芥，而磁石能吸引鐵針。[1]這也是最早同時描述電力與磁力這兩種基本作用力的文獻之一。但當時沒有注意到電力與磁力兩者之間的關聯性。

　　相對於較早開始的電學研究，磁學研究感覺上就神祕許多，《X 戰警》裡中的「萬磁王」(Magneto) 的力量被想像成如此強大且迷人。到了法拉第手上，他發現了電磁感應（電學與磁學互有關聯）。因此，他也被稱為「電機之父」。沒有電磁感應的發現，我們就發明不了發電機、馬達……等各種有用的機械，也就不會有當代工業。話說回來，電磁學看似複雜，但卻又可以馬克士威的的四條簡潔方程式描述；更進一步，光也可以被視為一個由震盪電場及震盪磁場交織組合而成的電磁波。因此，現在正夯的光通訊、光運算科技，都可以奠基於電磁學。

1　維基百科：磁學。https://zh.wikipedia.org/wiki/Wiki（以下在各種搜尋引擎或資料庫所查找到的資訊，都以這個方式標注來源。）

1-1　電流的磁效應

本節對應課綱			
主題	次主題	學習內容	學習表現
自然界的現象與交互作用（K）	電磁現象（Kc）	PKc-Vc-3變動的磁場會產生電場，變動的電場會產生磁場。	tr-Vc-1　能運用簡單的數理演算公式及單一的科學證據或理論，理解自然科學知識或理論及其因果關係，或提出他人論點的限制，進而提出不同的論點。 pa-Vc-1　能合理運用思考智能、製作圖表、使用資訊及數學等方法，有效整理資訊或數據。

　　早期的磁學研究，多是以本身具有磁力的磁石作為探究標的。如 1269 年，法國學者皮埃·德馬立克寫出歷史紀錄上第一本研究磁石性質的《磁石書》（Epistola de magnete）。他研究磁石產生磁場的方法到現在還是被廣泛的使用：用會被磁場影響的鐵針，在塊型磁石附近各個位置移動；並記錄鐵針的方向。再依照這些紀錄，描繪出多條磁場線。進一步，他觀察到這些磁場線由磁石的相反兩端出發，與地球的經線類似。所以，比照地球南（S）北（N）極的命名方式，將這兩個磁場線出發處稱為「磁極」[2]。磁場（力）線通常畫成一個封閉曲線，在磁鐵外部，是由 N → S；磁鐵內部，

2　維基百科：磁學。

則是由 S → N。

　　當時普遍認為某種特殊的礦石才能產生磁場，直到 1820 年，丹麥的奧斯特在課堂上進行實驗，觀察到通有電流的導線（這個導線並不是磁石做的）會使磁針偏轉指向，就好像磁石產生了作用力於磁針一樣——這實驗就是鼎鼎大名的「電流磁效應」。你只需要乾電池、電線、指南針、跟你的眼睛，就能重複這個簡單又重要的實驗。這使得科學家們開始關注電與磁之間的關聯性，奧斯特的名字也被用來當作磁場的單位之一（Oeste），永遠被銘記。

　　科學的本質如同「一棒接一棒」的接力賽，新發現的小漣漪有可能在通力合作下形成濤天大浪。通常在定性的觀察後，下一步就是要如何定量的描述這個科學現象。電流磁效應的科學新聞抵達法國科學院後，法國科學家安培很快地就成功以實驗進一步說明，如果通電流方向相同，兩個平行導線會互相吸引；若方向相反，那麼兩條導線會互相排斥——表現得就像兩個磁鐵一樣。進一步揭露了電流方向與磁作用力方向的關聯性。接下來，安培對電流磁效應做定量觀察，他設計了一個檢驗電流大小的儀器稱為「檢流計」，透過指針的偏轉方向與程度檢測電流的流向及電流的大小。也因此，後來安培的名字也變成現今量測電流大小最常用的單位（Ampere）[3]。雖然現在實務上都使用數位電表，檢流計的原始類比設計卻可以當作探究實作的題材。

　　法國物理學家必歐和沙伐早安培一步，共同發表了必歐—沙伐定律，清楚描述距離帶電流導線某處位置的磁場大小以及方向。安培則是提出了現在大家在判斷帶電流

3　安培的生平資料可以參考 2016《物理雙月刊》。https://www.ps-taiwan.org/Bimonth/article_detail_acc.php?classify=c2&cid=151

導線其所造成的磁場方向的「安培右手定則」：以右手大拇指為電流方向，四指環繞
的方向即是磁場的方向；磁場大小則與導線距離成反比。而描述此關係的安培定律後
來被馬克士威修正後，也整理到其描述電磁場的四大方程式之一。

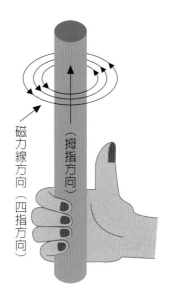

磁力線方向（四指方向）　（拇指方向）

　　安培右手定則也可以用來判斷非直線的帶電流導線所產生的磁場方向，比如環形
導線或螺線管線圈等。以環形線圈為例，大拇指沿著線圈電流方向繞一圈，每一個地
方的四指環繞方向即為磁場。如果比較環形線圈與長條型磁鐵，兩者的磁場線分布相
當接近——這概念可以用來理解磁性材料的磁性來源：以古典的波耳氫原子模型（從
量子論的角度看，不盡準確）來看，電子繞著原子核轉，因此可視為環形線圈；原子

就是一根棒狀磁鐵；整個材料可以被視為棒狀磁鐵的組合。因此，棒狀磁鐵的交互作用就構成了材料的磁性。

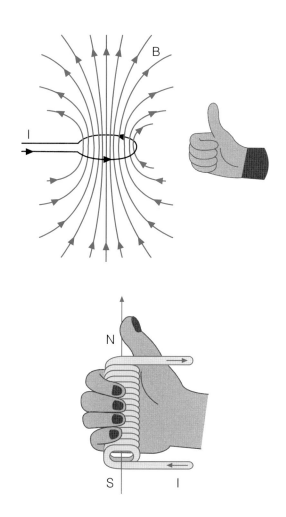

　　螺線管線圈則可以視為許多環形線圈的疊加。當螺線管足夠長時，其管線的磁場可以視為均勻磁場：合力方向單一，也有機會形成較大的磁場。因此，現今的電磁鐵多是以螺線方式纏繞，形成了電動機（Motor，馬達）的基礎：在一對磁極排列相反的磁鐵間放置一個線圈，施加電流在線圈上時，線圈產生的磁場就會與磁鐵產生的磁場相互排斥，帶動線圈旋轉──這就是日常生活中風扇、洗衣機、汽車……等馬達的原理。尤其是最近最夯的電動車，需要兩個關鍵技術，其一是用來儲能的電池；另一個就是高效能輕量化的馬達。證明了電流磁效應從發現至今過了一百多年，仍然於工業應用上扮演重要角色。

1-2 電磁感應

本節對應課綱			
主題	**次主題**	**學習內容**	**學習表現**
自然界的現象與交互作用（K）	電磁現象（Kc）	變動的磁場會產生電場，變動的電場會產生磁場。	ti-Vc-1　能主動察覺生活中各種自然科學問題的成因，並能根據已知的科學知識提出解決問題的各種假設想法，進而以個人或團體方式設計創新的科學探索方式並得到成果。 po-Vc-1　能從日常經驗、科技運用、社會中的科學相關議題、學習活動、自然環境、書刊及網路媒體中，汲取資訊並進行有計畫、有條理的多方觀察，進而能察覺問題。

　　第一個成功利用電流磁效應製作出電動機的人就是法拉第。這個點子出於哪？當時也引起許多的爭議。同學不妨從不同論點的切入角度來探究，都無損於法拉第在科學上的貢獻 [4]。

4　法拉第的生平資料可以參考 2016《物理雙月刊》。https://pb.ps-taiwan.org/catalog/ins.php?index_m1_id=2&index_id=107

　　電流磁效應揭示了電可以產生磁，那磁是不是也可以產生電呢？經過多年來許多科學家的努力與失敗，最終在法拉第的手上開花結果。他首先利用了一個環形的鐵圈，左右兩邊各放一個纏繞線圈，彼此不相互連接。一端接電池，另一端接檢流計。當電池接通的那一瞬間，另一端線圈連接的檢流計會動一下，但之後就又會回到零的位置（兩個線圈沒有接在一起喔）。法拉第細心觀察發現，這個電流只會出現在接通電源的一瞬間，也就是電流磁效應產生磁場變化最大的一瞬間。所以，他認為磁場瞬時變化應該是產生電流的主因。

法拉第進一步換個方式來驗證[5]。他這次不接電池了，直接拿一個磁鐵在一個接有檢流計的線圈中來回進出，結果觀察到指針不斷的來回跳動。根據這些實驗結果，他提出了影響後世甚深的法拉第定律：變動中的磁場可以產生電場。

後來的科學家進一步將法拉第定律用數學式來描述，在你唸大學普通物理時就會學到。磁生電的關鍵就是需要變動中的磁場，也就是「動磁生電」。除了電動機外（電能轉動能），法拉第定律也促成了現在發電機的出現。只要能利用動能去移動線圈或磁鐵產生變動中的磁場，就能將動能轉換成電能，用科學原理發電。

若是單以法拉第定律，不容易解釋檢流計指針偏轉，也就是電流的方向。因此，俄羅斯科學家冷次提出了冷次定律：由於磁場通量改變而產生的應電流，其電流方向永遠都符合抗拒磁通量改變的方向。

舉例而言，冷次定律這樣解釋磁鐵進出環形線圈時產生電流的方向：若線圈右邊有一塊棒狀磁鐵，N 極指向線圈中心。若將磁鐵往線圈方向靠近，那麼因為通過線圈的磁場通量會增強，依據冷次定律，若從磁鐵往線圈看，則電流會呈現逆時鐘方向流動，產生相反的磁場通量來抵抗因為磁鐵往線圈移動而增加的磁通量。相反的，若將磁鐵移動離開線圈，線圈的磁通量會減少。若從磁鐵往線圈方向看，應電流會呈順時針方向。這樣應電流的方向也是用來抗拒磁通量的改變。[6] 由上所述，冷次定律的確提供了一個簡易又直接能夠判讀應電流方向的方法。

5　相關實驗裝置設計請 Google：法拉第 檢流計。
6　維基百科：冷次定律。

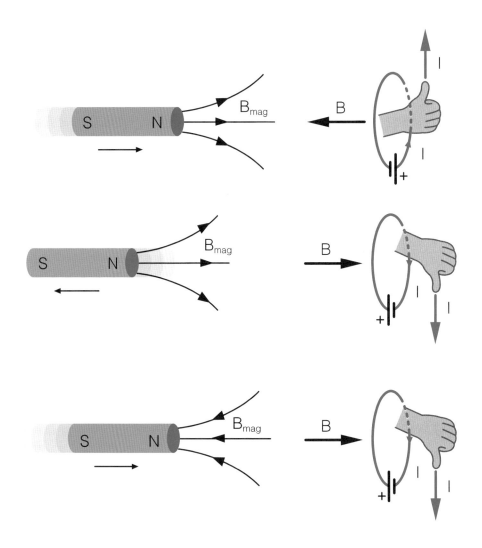

探究實作 ▶▶ 磁通量與應電流

　　準備一根空心鋁管與一根塑膠管，兩根管子的半徑、長度都相同。再準備兩個一樣大的磁鐵，磁鐵大小可以順利的通過管子而不會發生摩擦。若同時從管子上方讓磁鐵自由落下，塑膠管中的磁鐵會比較快落下。請以電磁感應的原理，解釋落下過程。

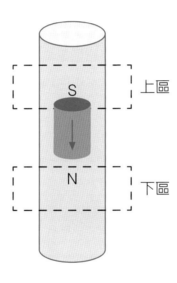

參考答案

　　鋁管是導體，電流可以在其表面流動。上區的應電流方向若從管子上方往下看應為順時鐘，可以彌補 S 極離開的磁通量。反之，下區的應電流從管子上方往下看應為逆時鐘，抵抗 N 極靠近時的磁通量。而這兩區產生的應電流所造成的磁場，剛好與磁鐵的磁極相反，所以會產生吸引力而降低磁鐵落下的整體加速度。而塑膠管是絕緣體，無法產生電流，所以不會有電磁感應。管中的磁鐵可視為自由落體，較快落下。

　　從此例可以說明，若應電流方向支持磁通量增加，應電流產生的磁場會幫忙磁鐵往下墜落。那麼，系統中除了位能差以外，平白無故增加了使磁鐵加速的能量，便違背了能量守恆定律。

　　因此，冷次定律符合能量守恆，合理。

1-3 電與磁的統整

本節對應課綱			
主題	次主題	學習內容	學習表現
自然界的現象與交互作用（K）	電磁現象（Kc）	所有的電磁現象經統整後，皆可由馬克士威方程式描述。	tm-Vc-1 能依據科學問題自行運思或經由合作討論來建立模型，並能使用例如：「比擬或抽象」的形式來描述一個系統化的科學現象，進而了解模型有其侷限性。 an-Vc-1 了解科學探究過程採用多種方法、工具和技術，經由不同面向的證據支持特定的解釋，以增強科學論點的有效性。

變動中的磁場可以產生電流，而有電流應該就有電場的推動，所以可以說動磁生電（場）。此後，馬克士威試圖整合所有電磁相關理論，卻覺得好像有一個未填滿的空缺，於是檢視在他之前的電磁理論：

1. 高斯定律：描述電荷與電場的關係。
2. 無磁單極：磁極應成對存在。
3. 法拉第定律：變動中的磁場會產生電場。
4. 安培定律：描述電流與磁場的關係。

　　他設想，如果可以加上「變動中的磁場可以產生電場」，那是多麼的完美？可惜的是，卻始終無法從實驗中得到這樣的結果。不是因為「本來就沒有」就是「不易量測到」。那，有沒有可能從數學上來預測呢？更進一步，他利用「歸謬法」來推理：如果沒有變動中的磁場可以產生電場這一項，那麼這幾條電磁的理論彼此之間就會出現矛盾。

　　因此，在沒有實驗基礎下，他大膽地從數學架構中找出漏洞，發現安培定律必須加上「動電生磁」的修正項，才能解決電與磁之間關聯性矛盾的問題（相關數學推導遠超過高中程度，在此略）。於是成就了鼎鼎大名的馬克士威電磁四大方程式：

1. 高斯定律：描述電荷與電場的關係。
2. 無磁單極：磁極應成對存在。
3. 法拉第定律：變動中的磁場會產生電場。
4. 修正後的安培定律：描述電流與磁場的關係，並加上動電生磁。

　　同學們可能會感到訝異，馬克士威似乎只是對原有理論做了一小項修正，為何會以他命名這四條電磁方程式呢？因為若少了這項修正，那麼電磁理論就像水庫破洞，經不起山洪爆發的考驗而崩潰。

　　「動電生磁」的修正也可以帶給我們兩項探究實作上的寶貴經驗：

　　第一、法拉第之所以能發現動磁生電並能實驗證明，主要是因為「效應夠明顯」。而在馬克士威的數學修正項中，動電生磁效應前面有一樣極小的常數「光速平方分之一」（10^{-16} 數量級），以當時的量測技術並不容易觀察。因此解釋了為何始終無法實

驗證明。（有時了解失敗原因也非常重要。）

　　有了這個修正項，可以進一步的推導出：電磁波的速度等於光速。這也說明了光是一種電磁波，也讓當時「光是粒子還是波動」的爭論畫下休止符。

　　馬克士威「將電學與磁學統整為電磁學」，用來解釋各種電與磁的現象，也有人稱作是物理史上的「第二次統一」（整合不同的理論）[7]。

　　「第一次統一」是何時呢？就是牛頓用三大運動定律和萬有引力定律統整力學和行星運動，而形成的古典力學。

　　但牛頓對光的解釋比較傾向粒子說，而馬克士威的理論預測光是一種波動，兩大物理巨人的對決到底是誰獲勝呢？

　　直到馬克士威去世 8 年後，「光的波動說」才由赫茲實驗證實。這也是目前波的頻率用赫茲（Hz）的原因。

　　在這也可以比較兩種科學探究方法：一種是「先實驗後理論」以理論解釋實驗現象；另一種是「先理論後實驗」以理論引導實驗觀察。平心而論，兩種一樣重要，但後者總是讓人有一種先知的感覺。也因此，馬克士威、牛頓和愛因斯坦被許多人並稱為三大重要理論學家。

　　現今所有的通訊幾乎都是以電磁波的傳遞為載體，大家無時無刻從身邊的電磁波中，擷取我們想要的資訊 ── 這就是基礎科學的動人之處。研究的初心是在解決探索未解的問題，但卻實質的影響了人類文明的發展。

7　馬克士威的整合過程需要高等數學，有興趣的同學可以參考 2017《物理雙月刊》裡余海峯博士的說明。https://pb.ps-taiwan.org/catalog/ins.php?index_m1_id=2&index_id=137

1-4　光與電磁波

本節對應課綱				
主題	**次主題**	**學習內容**	**學習表現**	
自然界的現象與交互作用（K）	波動、光及聲音（Ka）	波速、頻率、波長的數學關係。定性介紹都卜勒效應及其應用。歷史上光的主要理論有微粒說和波動說。光的反射定律，並以波動理論解釋折射定律。光除了反射和折射現象外，也有干涉及繞射現象。惠更斯原理可以解釋光波如何前進、干涉和繞射。	ti-Vc-1	能主動察覺生活中各種自然科學問題的成因，並能根據已知的科學知識提出解決問題的各種假設想法，進而以個人或團體方式設計創新的科學探索方式並得到成果。
			po-Vc-1	能從日常經驗、科技運用、社會中的科學相關議題、學習活動、自然環境、書刊及網路媒體中，汲取資訊並進行有計畫、有條理的多方觀察，進而能察覺問題。

電磁現象 （Kc）	馬克士威從其方程式預測電磁波的存在，且計算出電磁波的速度等於光速，因此推論光是一種電磁波，後來也獲得證實。 所有的電磁現象經統整後，皆可由馬克士威方程式描述。 電磁波包含低頻率的無線電波，到高頻率的伽瑪射線在日常生活中有廣泛的應用。

　　馬克士威從理論上預測光是一種電磁波，並經過赫茲實驗證實。而早在 17 世紀，惠更斯就利用了光的波動說來解釋光的折射、反射、干涉及繞射等光學現象，那他又是怎麼來思考這個問題，才獲得這超前的結論？

　　首先，必須掌握波的特性：

1. 波源規律震盪時，透過介質傳遞，就可以產生週期波。最常用的例子就是繩波，當你手握著繩子的一端，規律上下來回擺動，就可以產生波形相同的繩波。一個波峰到下一個波峰，或一個波谷到下一個波谷，稱之為一個完整的波，完整的波長度稱之為波長 λ。

2. 單位時間（通常設定是 1 秒）內所產生波的數目，我們稱為頻率 f，單位是赫茲（Hz），即為 1/Sec。完成一個波（上下完整來回一次）的時間則稱為週期 T。若每秒上下來回 2 次，那頻率則為 2Hz。而週期就是每來回一次需要 0.5 秒。你也可以發現兩者互為倒數，fT=1。

週期與頻率是描述波的時間項，波長 λ 則是波的空間項。當時間項乘上空間項：「每秒幾個波」乘上「一個波有多長」，就是每秒波可以傳遞的速度，稱為波速（v=fλ）。同樣頻率的波，傳遞速度與介質有關，比如：波的傳遞速度在固體中比空氣快。

再來，看看 3 百年前的惠更斯是怎麼以波的角度來解釋光學現象：

「惠更斯原理」是研究波傳播現象的一種分析方式，引入了「波前」的概念。波前定義為某一時刻下（想像成對波拍照記錄某一瞬間），波峰（或波谷）連接所形成的曲線或曲面。

波前上的每一點皆可以被看作是產生下一個子球面（圓形）波的點波源，而這些子波相切的面或者是線，即為新的波前。波前與波前之間的間距即是波長。

直線波可以看作：起始波前上的每一個點，都是新的點波源；畫出每個點波源發

出的子圓形波並取這些波的共切線，就可以得到下一個波前。圓形波可以看作同心圓形成的波前。

　　透過惠更斯原理，直線波及與圓形波的傳播的行為就能被定性描述，也可以預測某一個時刻波前的位置。

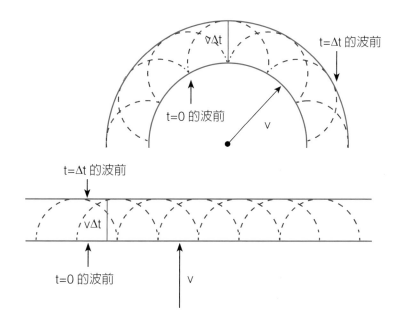

　　接下來，運用惠更斯原理來檢視光的行為：

反射

　　光碰到障礙物時，就會改變其入射光的方向，稱之為反射光。反射光會遵守下列情況，稱為光的反射定律：

1. 反射光跟入射光和「法線」（垂直於界面接觸點的想像直線）在同一平面上。
2. 反射光和入射光位於法線兩側，且與界面法線的夾角，分別叫做入射角和反射角，兩者相等。

折射

　　除了反射之外，入射光遇到障礙物時，也有機會形成部分反射、部分穿透的現象。此時，光從一個介質進入另一個介質（記住，反射光是維持在同一個介質），並在界面處產生偏折，稱為折射。波在不同介質中，傳遞的速度不同，介質中的光速 v 與真空的光速 c 的比值即定義成折射率（v/c=n，真空的折射率為 1）。

　　折射光跟入射光和法線也在同一平面上。而折射角為折射光與法線的夾角。入射角與反射角的關係，可以透過折射率來求得。此關係式稱之為司乃耳定律：

$n_1\sin\theta_1 = n_2\sin\theta_2$

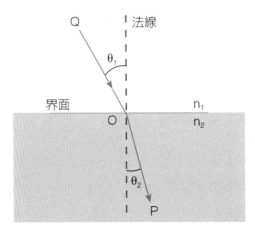

法線　介面

　　根據惠更斯原理，波前上每一個點都可當成波，其發出的子波可以建立下一個波前。當波前通過界面又斜向入射時，造成波速不同；波前的形狀在界面處會發生偏折，直到完全進入另一個介質，波前才又恢復成直線。

　　光波從介質 1 傳播進入介質 2，其入射角、折射角分別為 θ_1、θ_2，傳播速度分別為 v_1、v_2，假設 v1>v2。在時間 ti 時，光波的波前會包含點 Ai 和點 Bi 的位置，標記這時的波前為 $A_i B_i$。假設時間 ti 與 ti+1 之間的間隔為常數 Δt，則以下幾個直線段之間的長度相等關係成立：

$$A_0A_1 = B_0B_1 = B_1B_2 = B_2B_3 = v_1\Delta t$$
$$A_0A_1 = A_2A_3 = A_3A_4 = B_3B_4 = v_2\Delta t$$

　　而因為 $v_1 > v_2$，所以光在 A 介質的波長比在 B 介質的波長還要長。根據 $\Delta A_1 B_1 B_3$ 及 $\Delta A_1 A_3 B_3$ 兩個三角形的共邊 $A_1 A_3$。

　　即可以寫出 $B_1B_3/\sin\theta_1 = A_1B_3 = A_1B_3/\sin\theta_2$

　　再考慮 $B_1B_3 = 2v_1\Delta t$
$$A_1A_3 = 2v_2\Delta t$$

　　所以可以得到 $v_1/\sin\theta_1 = v_2\sin\theta_2$

通過折射率定義的簡單換算即可得到司乃耳定律[8]：

$$n_1\sin\theta_1 = n_2\sin\theta_2$$

牛頓的光粒子說與惠更斯的波動說，都可以解釋折射現象；但是對光速在水中到底變快（粒子說）還是變慢（波動說），卻給出不同的結論。1862 年，傅科利用旋轉的反射鏡所造成反射光點位移，分別在空氣中與水中精確測定光速。證實了光在水中的速度比較慢，成為光是波動的重要實驗證據。

繞射

繞射是波動特性的重要特徵。在日常生活中，水波繞射或許是大家最熟悉的例子：水波遇到有狹縫的障礙物時，如果狹縫「夠小」，經過時除了通過正前方外，障礙物的後方水面也會出現波形，就好像波可以繞行一樣。這樣的現象稱之為波的繞射。

狹縫多小才算小呢？主要是與波長（λ）相比。若狹縫間距（d）遠大於波長，那麼繞射現象不明顯；當波長接近狹縫時，就有機會觀察到繞射現象；當波長遠小於狹縫時，繞射現象就會變得很明顯。

繞射現象也可以用惠更斯原理描述：當狹縫很小時，波能夠通過的地方只剩一個點，可以視為一個點波源，放出圓形波，因此障礙物後方當然就有波形；當狹縫大一點時，可以視為許多點波源放出的子波互相疊加。所以，只要能證實光有繞射現象，

8　維基百科：司乃耳定律。

就可以證實光有波動的特性。

　　但其實不容易觀察光的繞射現象。通常，光通過一個洞時，我們只會看到一個光斑，其他都是陰影──這反而符合牛頓的光粒子說（而非波動說）。因為，眼睛只能觀察到可見光。而可見光波長（400 nm~800 nm），遠小於當時技術上可製作的狹縫。直到後來實驗技術改進，才能確認光也是具有繞射現象，為光的波動說提供直接證據。

　　從這個探究歷程，我們也可以學到：看不到的東西並不代表不存在。還要考慮實驗或觀察工具適不適合？技術到不到位？有多少證據說多少話，新證據出現就需要修正、或提出新理論。這就是科學能不斷進展的動力與主因。

干涉

　　水波干涉也是大家最熟悉的例子：兩個點波源產生的圓形波彼此交會時，若波峰與波峰剛好重疊，則波的振幅會加大。若是波峰遇到波谷則波會互相抵消。這些消長的結果就是波的干涉。要檢驗光是否是一種波，也可以檢驗光是否有干涉現象。

　　楊氏雙狹縫實驗設計相當精巧：他讓光通過兩個狹縫。遇到狹縫前的光可以視為平行的直線波前；遇到狹縫後，狹縫處就好像點波源。光為了通過狹縫，就會變成圓形波；這些圓形波的波前疊加，就可以來解釋屏幕上干涉條紋的成因。

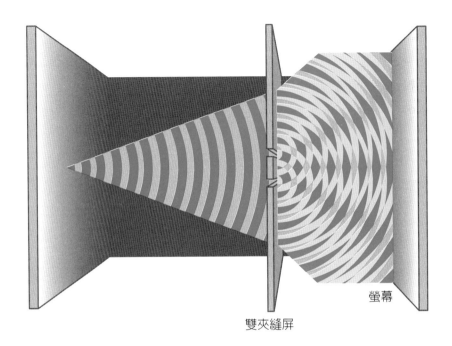

螢幕

雙夾縫屏

光的電磁波譜

　　光的反射、折射、繞射及干涉的特性都可以被惠更斯原理（波前概念）合理解釋，也支持了光的波動說。馬克士威進一步從理論層面給出四大方程式，推導出光是一種電磁波。這些理論與實驗的證據整合起來，說明了光是一種電場及磁場交互震盪形成的電磁波。

　　我們生活中到處充滿電磁波，有的看得到（可見光）；有的看不到（不可見光）。舉凡陽光、通訊用的無線電（磁）波、微波爐的微波、電暖爐發出的紅外線、顯示器（電腦、手機螢幕）、五彩繽紛的影像、殺菌用的紫外線、健康檢查用的 X 光機、用於腫瘤醫療的 γ 光……全都屬於電磁波的範疇。按波長從低到高的順序，電磁光譜羅列如下：

輻射類型	無線電	微波	紅外線	可見光	紫外線	X 光	伽馬射線
波長（m 數量級）	10^3	10^{-2}	10^{-5}	10^{-6}	10^{-8}	10^{-10}	10^{-12}
波長尺寸相當	山丘	筆	針尖	細菌	分子	原子	原子核
頻率（Hz 數量級）	K Hz	G Hz	T Hz	10^{14} Hz	10^{16} Hz	10^{18} Hz	10^{20} Hz

　　太陽光中的紅外線，頻率與人體原子的震盪頻率相近，所以比較容易被人體吸收，導致我們會覺得熱。也因此，汽車上貼的隔熱紙都以阻擋紅外線為主。開車坐車時，因為隔熱紙遮擋了紅外線，車內比較沒有那麼熱；但紫外線還是會照進來，讓你變黑或甚至曬傷——提醒大家做好車內防曬。

探究實作 ▶▶ 雷射光的圓圈

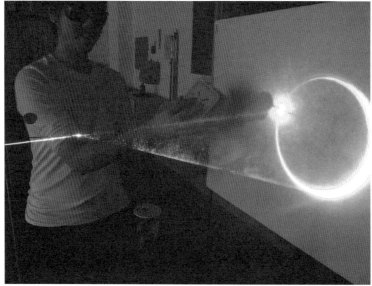

雷射光束瞄準射向金屬直導線時，可以在垂直於導線的屏幕上觀察到一圈光。解釋這種現象，並研究它如何依賴於相關參數。

參考器材：長約 15cm 雷射筆 1 支（電池數個）、五種不同粗細（直徑 0.5~2mm）的白鐵線、鋁線或銅線各 1、量角器 1 個、強力黏土數片、衣夾 2 支、瓦楞塑膠板 A3 大小 1 張、A3 方格紙 1 張、剪刀 1 把、塑膠捲尺（長 1m~2m）1 捲、手機。

引自：2019 全國高中探究實作競賽複賽題目 [9]。

跨領域素養 ▶▶ 大電資時代——EECS 到底學什麼？

由於國際政治、經濟、貿易⋯⋯等諸多錯綜複雜的因素，生產基地主要位於台灣的台灣積體電路製造公司（TSMC，簡稱「台積電」），成了「護國神山」股。股價與市值蒸蒸日上，帶領台灣的資訊電子產業，在國際間持續發光發熱。影響所及，電機資訊科系也成了莘莘學子的首選。稱之為「大電資時代」，也不為過。

但很少同學知道，電資科系到底學什麼？更少人知道，想讀這些科系，最重要的基礎，就是物理學。以下就為各位一一介紹：

電資科系在許多國外知名大學，常劃歸同一個學院（EECS School），因為它們學問基礎相同、出路也類似。由於資訊電子產業可說是半世紀來最火紅的產業，EECS School 在大學裡面，通常招生數量最多、勢力也最龐大。如果你有空到台大走一遭，可以發現半個校園都是 EECS 的大樓；交大更是號稱全校都 EECS 呢！

9　https://www.beclass.com/rid=22415385ce2572cc776d

　　EECS School 下面，最大宗的是「電機系」（Electrical Engineering, E.E.）在高教體系（就是校名中沒有「科技」兩字）的大學系統中，可以說是 EECS 的「大本山」。以台大電機系為例，專長涵蓋非常龐雜，從半導體製造（固態）、通訊、電子電路……等等到電力、醫工，彼此不太相似，但無論是哪一種專長組別，入門基礎主要是「三電二數」：亦即，電子學、電路學、電磁學；工程數學、線性代數。

　　「二數」都是高等數學，基礎是「微積分」。學測階段的高中生應該還沒學。考完如果錄取了 EECS 科系，記得要自己加強，否則唸不下去的。電路學主要學各種電路元件（電阻、電容、電感……）如何構成電子系統；電子學則是學各式半導體元件（MOS, CMOS, NPN...）如何設計；電磁學主要處理各種電磁波動、電磁場的計算。三者的基礎都是本章談的電與磁。若以數學上的難度而言，電磁學最難、超級難——馬克士威的四條方程式，你現在還不會解，所以在本書中不討論，也不會考。

　　我們可以簡單概括，電子系統中的「硬體」全是電機系的守備範圍。也不是說電機系不學軟體和程式；只不過在 EECS 中，人人都要會程式設計，不用特別寫出來罷了。

　　我讀電機系的時候，常有人問：「你家電扇壞了，你會不會修？學校有沒有教？」
　　答案是：「我會修，但學校沒教。」
　　因為那些技術，是屬於機械系或技職體系（校名中有「科技」兩字）電機系相關的守備範圍。怎麼分呢？「會動」的東西如電扇、馬達、汽車……都屬機械系；「不會動」的東西，比如手機、電腦、電視……那是電機系。當然，這區分並非那麼精確，比如未來最夯的「機器人」，需要電機、機械兩門學問（機電整合）才搞得出來。這

也證明了跨領域素養超重要！

　　資訊科學（Computer Science, C.S.）或資訊工程（Computer Enginnering, C.E.），本質上沒太大差別，都偏重軟體設計。最核心的科目是程式設計、軟體工程、資料結構、演算法……等等。更簡化的來說，E.E. 搞硬體（摸得到的），C.S. 搞軟體（摸不到的），兩者構成了 EECS 的主力。

　　資管（M.I.S.）則更「軟」，偏重電腦的商業應用。所以，有的學校把 MIS 放在管理學院或商學院底下，不一定屬 EECS School。再更軟，就是數位媒體、遊戲開發、數位內容……等科系，那就一定不算 EECS 的範圍，在此不論。

　　大家可能不知道，物理系或者應用物理系，畢業後最主要的應用領域也是 EECS。尤其是在半導體製造上，學問基礎是「固態物理」。如果你想加入護國神山的行列，唸物理也是個好選擇。

　　EECS 這門科技，最重要的科學基礎，就是百多年來突飛猛進的電磁學；而技術最前緣會碰到的科學，就是下一章所要講的量子論。你說，如果想加入大電資時代，物理能不好好讀嗎？

加深加廣 ▶▶ 無線充電與行動支付

　　厄斯特在課堂上示範實驗時，偶然發現電與磁的關聯性，開啟電磁的研究與應用，接著，法拉第進行一系列實驗，發現磁感應生電的現象。後來，馬克士威受到法拉第的鼓勵，創建出一套完整的電磁學理論系統，預言電磁波的存在，接著由赫茲（Hertz）的火花放電實驗得到確認。此後電與磁的應用持續有著各式各樣的發展，

乃至於近年漸趨成熟的無線充電技術與行動支付功能，可謂是電磁現象應用的突破性進展。

行動支付

行動支付泛指以手機、平板等行動裝置進行付款的消費行為，可依使用方式概分為遠端支付與近端支付，主要的差別在於是否以行動裝置靠近資料讀取設備以完成交易程序。遠端支付通常以網路進行付款程序，近端支付則是以電磁感應原理進行資訊交換。遠端支付受惠於近年無線網路通訊的普及，近端支付則是短距離無線電通訊技術，兩者都與電磁現象的應用息息相關。

無線充電

無線充電主要是運用電磁感應原理進行充電的方式，常見的有磁感應與磁共振兩種，差別在於採用頻率範圍不同，近來因為廠商爭搶無線充電的統一標準而引發不少討論與關注。

磁感應充電

磁感應充電的原理和電磁爐作用機制相當類似，充電板和電磁爐都是使用大量的線圈以提供交變磁場，主要差別在於上方放置的物品：電磁爐上方放置鐵磁性材質鍋具，產生感應渦電流而轉成熱能，無線充電則在充電板上方放置線圈，產生感應電流，提供電能進行充電。

磁共振充電

磁共振充電可以用收音機的原理來類比，當收音機的頻率調至與電台發出的電磁波頻率相同時，就能發生共振進而接收到訊號（能量）；手機感應線圈的共振頻率和供電板頻率相同時就會產生共振進行充電。這種方式可以拉長手機與充電器之間的距離，可惜充電效率相對較低。

優點與限制

事實上，無線充電並不是新的技術，多年前就開始有許多小型家電如電動牙刷和家用無線電話使用無線充電，只需將裝置放到充電座上就可充電。優點在於：因為不需充電線插槽，防水效果佳；兩裝置間沒有電流相通，應用更加安全；省去連接器使裝置體積減少，對於如藍牙耳機、穿戴式裝置而言非常需要。也有許多限制：充電效率較低、充電速度較慢、成本較高、移動時無法充電、標準尚未統一、發熱較高、耗損電池壽命等問題，而且雖然是「無線」充電，目前仍需緊貼著或極靠近充電板（約5cm 之內），這些都是未來須努力克服的重點。

動手做做看

十多年前曾經陪著學生進行無線充電相關研究，有一個有趣的靈感：嘗試突破距離限制與能量轉換效率的問題，做出一套能聚焦電磁波的裝置。只要將電磁波聚集在遠方的手機附近，就能達到高效率的遠距無線充電。實際進行時才發現，電磁波波長

太長，容易產生繞射，導致聚焦困難；另一方面還需要學習製作天線而遲遲未有進展。這些都是動手實作之後才遭遇到的真實困難，雖然沒能成功，卻仍獲得許多寶貴的經驗與知識。近年來，中小學科展陸續有許多關於無線充電的研究作品，探究相關的裝置與變因，也衍生出更多有趣的問題。

未來發展

　　未來無線充電技術漸趨成熟以後可逐步朝向大功率發展，應用於筆記型電腦、大型家電甚至是電動汽車等相關的無線供電技術。另一方面，在植入人體的醫療裝置上，若能不需手術取出更換電池而直接進行無線充電，將可免去許多風險。

註：關於電磁感應現象可參考 Derek Muller 拍攝的精采影片，他帶著觀眾到法拉第位於英國的實驗室，看看當年首次觀察到電磁感應現象的環形線圈，也來到法國巴黎的科學博物館，示範以高達 800 安培的交流線圈造成的磁懸浮以及磁感應點亮燈泡，同時也發生極高的溫度，足以用來烤肉。

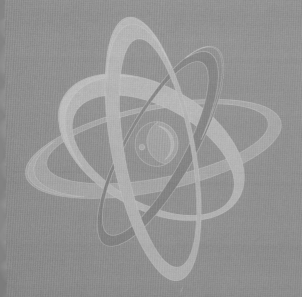

02

能量

· · · · · · · · · · ·

在 Google 查詢「energy」，應該會查到能源、能量⋯⋯等不盡相同的翻譯解釋。那麼，能源等於能量嗎？國中學過「能量守恆」，系統（宇宙、地球⋯⋯）內的能量永遠恆定，又為何有能源危機呢？

嚴格來說，能源不盡然等同於能量，而是指「可以利用的能量」。能量雖然守恆，但因為能量轉換過程中，總是會產生無法使用的能量，導致可用能量減少。因此，可用的能量就會變得愈轉換愈少，也可以說，能源一直變少中。

未來人類面臨到的挑戰中，能源危機一直占有很重要的位置（如果不是最重要）；其他如水源、糧食、戰爭挑戰⋯⋯等也都與能源危機有關。因此，國家應該重視能源政策，因應各國現有的政經社會情勢及資源條件等，訂定出不同的方案。我們在思考能源問題時，應該從基礎科學開始，先搞清楚能量這回事，理解自然界這個母親訂的規則（Mother's law）──這些規則通常無法被打破。或許聰明如各位，在未來幾十年後，能夠運用這些規則，想出更聰明的解決方案。

2-1 能量的形式

本節對應課綱			
主題	次主題	學習內容	學習表現
能量的形式、轉換及流動（B）	能量的形式與轉換（Ba）	PBa-Vc-1 電場以及磁場均具有能量，利用手機傳遞訊息即是電磁場以電磁波的形式來傳遞能量的實例。 PNc-Vc-3 能量一樣的系統，作功的能力不一定相同。	tm-Vc-1 能依據科學問題自行運思或經由合作討論來建立模型，並能使用例如：「比擬或抽象」的形式來描述一個系統化的科學現象，進而了解模型有其侷限性。 an-Vc-1 了解科學探究過程採用多種方法、工具和技術，經由不同面向的證據支持特定的解釋，以增強科學論點的有效性。

　　一個靜止於地面的球，與一個靜止於離地面 1 公尺的球，有什麼差異呢？

　　若離地面 1 公尺的球落下，會因為重力（地心引力）作用，導致速度愈來愈快（F=ma）。這種位置與速度的轉換，靜止於地面的球辦不到。兩球差異處在於它們的位置不同。那，進一步思考，要怎麼造成這個位置差異呢？一開始必須克服重力，

將一個球從地面上拿到離地面 1 公尺的位置，它才有機會因為重力而落下加速。

這探究過程揭示為了克服重力所作的工作（Work），中文翻譯成「功」，定義為：

$$W = FS$$

F 是作用在物體上的力，S 是施力方向產生的位移。功的單位是牛頓・公尺（N．m），也稱之為焦耳（J）。

功是一種純量，沒有方向之分，但是可以有正負之別。比如說摩擦力總是與物體位移反向，所以，摩擦力對這個物體作「負功」。如果施力方向與位移方向垂直，那麼此力對物體不作功。比如讓物體作圓周運動的向心力不作功。再者，如果外力移動物體到最後又回到原來的位置，總位移為 0，功也就是 0，徒勞「無功」。

若地面上一個物體的質量是 m，要克服重力把它拿起來的外力就需要 mg。因此當提升高度 H 時，外力所作的功就是 W = mgH。因為外力與物體位移同方向，所以是作正功。當物體因外力而造成位置改變，也可以視為能量改變；這個位置改變所造成的能量變化，我們就可以稱之為「位能」變化——來自於外界對物體所作的功。所以，位能變化（ΔU）的大小就會等於所做的功（W），$\Delta U = mgH$。進一步推論，位能變化與位置有關，而位置是相對的。

當你放手讓物體自由落下後，物體的位置漸漸降低（也就是 H 漸漸減少），所以位能逐漸減少。這時物體的速度會因為重力加速度愈來愈快，在落地前的瞬間，達到最大的速度。

而物體動能的定義為 Kinetic Energy (K) = (1/2)mv^2

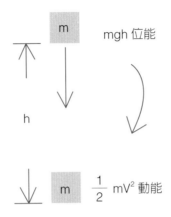

動能和位能的總和稱之為「力學能」，若不考慮摩擦力或空氣阻力等其他因素，將永遠是個常數，也就是：

K + U = 常數

這叫做「力學能守恆定律」。反推可以從動能大小，知道現在物體現在的位置。反之亦然。

　　力學能守恆是能量守恆的一種形式。能量守恆定律就是我們所說的 Mother's Law。即使用不同的能量形式來討論，永遠都逃不出如來佛的手掌心。

　　而除了力學能外，能量還有許多不同的形式，每種能量都與我們的世界變革息息相關。如第一次工業革命的蒸汽機，就是與熱能相關——將爐子內的水加熱，增加其熱能；煮沸之後，部分熱能變成水蒸氣的動能，再轉換成其他形式可用的能量。

　　微觀來看，熱能其實也是一種力學能。所有物體都是由原子或分子所組成，即使在常溫之下，這些粒子仍然不斷的運動（27°C 其實已經是 300K，對粒子已經是很高的溫度了）。其位置（能）不斷改變，速度（動能）也不斷改變。將所有這些粒子（原子和分子）的力學能加總，就是熱能。只由物體的內部狀態決定，所以我們也將其稱之為「內能」。

　　電能是人類現代化的重要關鍵，也是最依賴的能量形式，幾乎所有的生活用品都是用電能來操作。電場驅動帶電粒子形成電流，運轉了我們現在每天的生活。電能與磁能間也可以互相轉換，如電磁鐵就是將電能轉換成磁能，再透過部分的磁能進行磁鐵的工作。電腦硬碟就是利用電流去讀寫你用磁性材料作的硬碟——這項技術的起源也獲得了 2007 年的諾貝爾物理獎[1]。

　　大家都知道生命三要素是陽光、空氣、水。其中，太陽散發出的光能是地球上生命最主要的能量來源，藉由綠色植物的光合作用，轉化成其他生物所需的熱量。由於能源危機及極端氣候等等問題，現在大家也都把目標調向無汙染的太陽光能。這個由震盪的電場及磁場組成的電磁波，除了應用在太陽能光電板外，太陽熱能、太陽能光能製氫（氫能）也都是當代各大學及研究單位的熱門研究題目。一旦將能量轉換效率提高了，能源問題或有緩解的機會。

1　維基：巨磁阻效應。

　　要把原子核裡面的基本粒子擠在這麼小的空間非常不容易，一旦有機會把它們釋放，就像打開潘朵拉的盒子，會產生不得了的巨大能量。這種藏在原子核內的能量，我們把它稱為核能。如能控制得當，就是「上帝的禮物」（God Send）。但其產生的核廢料及安全議題，也引發了不少爭議，成為典型的 STS（「科學、技術與社會」〔science, technology and society〕）跨領域問題。

跨領域素養 ▶ 從減肥談起……

　　寫作本書之時，我和內人都在進行減肥計畫（飲食控制＋運動）。因為醫學證據顯示，肥胖會導致心血管疾病、癌症、糖尿病、肝腎腸胃……全身都會壞光光。總合起來，肥胖其實是人類死因的第一名。所以許多國家，都將肥胖列為國民健康的大敵，矢志推動減肥。

　　某夜睡覺開冷氣，內人覺得冷，我說：「因為我們現在攝取的熱量較少，所以要好好保暖。」她說：「亂講！食物的『熱量』和體溫的『熱量』是同一種熱量嗎？」

　　她是學音樂、藝術的，會有這個疑問也不能怪她。因為能量的形式實在太多了啊！但無論在日常生活中，能量有幾種面貌，它都是同一種「東西」（物理量）。

　　除了蘊藏在原子核內的能量（核能）以外，地球上所有能量的來源都是太陽。太陽內部的氫原子不斷發生核融合反應，產生（極）巨大的能量，以光的形式（電磁能）輻射到地球來。透過植物的光合作用，將光的能量轉換成分子內的化學能，也就是俗稱的「熱量」。動物或其他生物吃下植物，再進一步將轉換這些熱量的形式，儲存於不同的組織中，如脂肪、肌肉（蛋白質）……等。然後，人類吃下這些生物組織，吸

入氧氣，在細胞內進行微型「燃燒」（氧化反應），轉變成生存所需的熱量。其用來維持體溫，促使體內各種生化反應能順利進行。如果吃得過多，多餘的熱量就會囤積在體內，變成脂肪。這就是肥胖的成因了。

　　為了減肥，我們上健身房或從事跑步、游泳……等各項運動。以跑步為例，一邊跑一邊吸入氧氣，強迫體內的脂肪、醣類……等等燃燒，提供雙腳運動所需的熱量，這類運動叫做「有氧運動」，熱量轉變成動能。如果你撞到別人，就會依循牛頓運動定律，動能繼續轉換到別人身上。如果是爬山，體內的熱量除了動能外，還會轉換成位能。如果你從山上跳下來，也是會依循牛頓運動定律，撞出一個大坑。（請勿在家嘗試）

　　解釋到這裡，內人說她大致明白，剛才講到的光能、電磁能、化學能、熱量、動能、位能……是同一種東西（其實我很懷疑）。我目前已經減了 10kg，繼續努力中。她說：「減肥很累，你能不能給我『能量』，幫我加油？」

　　我想，她說的能量不是物理上的能量（如果是，她只會愈來愈胖）；而是「心靈上」的能量。這種用法也是一種借喻，把能量一詞用到別的領域去，那就無法憑藉科學論述了。

　　我是寫武俠小說的人，武俠小說裡常有「內功」、「氣功」……等的說法：大俠有深厚的內功，可以「隔山打牛」。這只能說是想像力的產物，也沒法科學解釋。台大電機系有一位名教授，畢生研究氣功，會測量各種特異功能人士、學生等所發出的電磁場等，想要科學證明「氣」也是能量的一種（電影《功夫熊貓》裡的那種），尚待努力中。

2-2 能量轉換與能量守恆

本節對應課綱			
主題	次主題	學習內容	學習表現
能量的形式、轉換及流動（B）	能量的形式與轉換（Ba）	PBa-Vc-2 不同形式的能量間可以轉換，且總能量守恆。能量的形式因觀察尺度的不同，而有不同的展現與說明。 PNc-Vc-4 雖然能量守恆，但能量一旦發生形式上的轉換，通常其作功效能會降低。	tr-Vc-1 能運用簡單的數理演算公式及單一的科學證據或理論，理解自然科學知識或理論及其因果關係，或提出他人論點的限制，進而提出不同的論點。 ai-Vc-3 體會生活中處處都會運用到科學，而能欣賞科學的重要性。

　　不同形式之間的能量可以相互轉換。在地球上，最重要的能量轉換機制是由綠色植物來進行，將太陽光能轉換成葡萄糖（化學能）來使用。而人類則透過燃燒煤炭或石化燃料，將化學能轉換成熱能，再轉換成電能。手機裡的電池充放電，也是電能與化學能反覆轉換。水力發電廠則是利用水的重力位能，轉換成動能，再推動發電機的葉片；進一步利用電磁感應產生電能。

　　這些能量的形式，從不同觀點會有不同的解釋。比如在煮熱水時水的熱能，在微觀的世界其實是水分子與水分子之間的動能。但無論如何轉換，能量轉換必須「守

恆」。也就是說，轉換前後的總能量是相等——這就是能量守恆定律。

1845 年焦耳（也就是能量的單位）設計了一個實驗裝置 [2] 來研究能量轉換。最重要的貢獻是，證實了熱也是一種能量（當時大家有人認為熱是一種物質）。他的實驗設計非常精巧，在絕熱容器中（避免熱跑到系統外）裝水，再利用重物落下時帶動水中的葉片旋轉，利用摩擦生熱來使水溫升高（當然用手攪拌也可以產生同樣的效果）。但測量重物落下的距離就可以作定量實驗，算出水的熱能變化（熱）會等於重物的位能變化（功）。因此可以得到卡與焦耳兩個單位間的關聯性。兩者之間的關聯性為：

1 卡 = 4.186 焦耳

透過熱功當量實驗證實，只要絕熱系統做的好，力學能有機會可以完全轉為熱能。那麼，熱能也可以完全轉成力學能嗎？

很可惜的是，雖然原理可行——應該要遵守能量守恆定律，但實際上作不到。以汽車引擎為例，目前將汽油化學能轉換成車子的力學能效率很低，只有大概 20%。其他的能量都變成無法使用的熱能（廢熱）——包含輪胎與地面磨擦，或車身與空氣摩擦所產生的熱，都是廢熱——所有能量加起來雖然守恆，但可用的高效率能源卻是愈來愈少。火力發電廠也是類似的情形：廢熱即使經過回收，作功的能力也會愈來愈差。

這也是大自然的另一條 Mother's Law：自然界有「失去有序」（失序）的傾向，也就是朝向愈來愈混亂。（熱力學第二定律）

2　熱功當量的實驗裝置設計圖，可查詢 Google：熱功當量。

　　熱力學第二定律與能量守恆定律並不互相衝突，甚至可以說是互相補充。雖然整體世界的能量維持守恆，但每次轉換後，系統卻變得更亂。比如，當氣體分子愈來愈亂無章法地朝各方向運動時，就愈難輸出功。所以，當人類揮霍無度，一樣會面臨到能源危機。

探究實作 ➠ 加壓式水力發電

　　實作加壓式水力發電機。

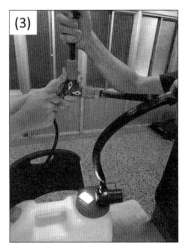

　　發明人：陳家逵（國立屏東大學應用物理系碩士、現為綠芽能源科技有限公司負責人）。

(1) 利用三通管一端連接打氣筒，一端連接裝水之寶特瓶，一端連接發電機裝置及 LED 燈。

(2) 先關閉連接發電機處的閥門，利用打氣筒將氣體打至裝水的寶特瓶。此時你也可以感受一下寶特瓶瓶身的變化（如軟硬度、溫度等）。接著關閉連接打氣筒的閥門。

(3) 打開連接寶特瓶與發電機處的閥門，即可看到洩壓後的水衝擊發電機，並使 LED 發光。可藉此感受到能量轉換過程的奇妙之處。

思考問題 ➡ 百分之百的光電裝置

　　若有一個科學家，發明了太陽光能轉為電能效率達到百分百的太陽光電裝置，世界上是否就可以免除能源危機？

參考答案

　　若只單考慮太陽光能到電能的轉換，似乎行得通。但實際上因為太陽光電裝置，從材料的挖取、合成到蓋工廠生產，架設發電、運轉、回收報廢……等等過程都需要能量，也會產生廢熱。總合起來，應無法減緩能源危機。比如，現有科技所製造的太陽能光電板，若考量其製作時所投注的能量，至少要順利運轉 10 年以上，才有機會產生出與製造這些太陽能光電板所需的能量。（或者說，還差得遠咧！）

加深加廣 ▶▶ 綠色能源有多「綠色」？

　　最近有許多專家建議將太陽能、水力發電、風力發電等從綠色能源（Green Energy）這個名詞改為再生能源（Renewable energy）。因為，再生能源指的是這些能源相較於石化能源產生方式的屬性；但綠色能源須考量這個能源系統對環境發展的永續性及友善性，應該更嚴格。

　　不同的系統設計會導致不同的結果，再生能源不代表就是綠色能源；石化等非再生能源不代表就一定不是綠色能源。許華書老師曾經訪問俄羅斯的一座城市：該市擁有全球前十大水力發電廠，供應了整座城市的主要電力。但當地科學家說，自從蓋了這座水力發電廠，水庫蓄積了大量水的關係，導致河流流速變快。原本冬天應該結冰的河流，變得終年不結冰，進一步改變了生態。由水蒸氣凝固形成的小冰晶，被人們吸入肺部也引發不適，導致冬天大家也不會靠近那條河。這些都是當時建造水力發電廠時沒有想到的問題。

　　因此，能源問題除了自然定律理解以外，還必須更審慎的考慮與環境及社會的關聯。

跨領域素養 ▶▶ 熵稅

　　愛因斯坦認為，熱力學第二定律大概是宇宙間最不可能被推翻的定律了。這一條定律，有很多種表示方式和涵義，最重要的是引入了「熵」的概念，古時候又稱為「能趨疲」（Entropy）——能量在由一種形式轉換為另一種形式之過程中，有些能量會

形成不具潛能之熱形式。

更廣義抽象來說，如果你不額外作功（消耗能量），萬事萬物都會漸漸趨於散亂（即「失去秩序」），這種散亂程度，就是熵。能量一旦被轉換形式，事物就會趨於散亂，稱之為「熵增」；如果想要事物更有秩序（減少散亂），稱之為「熵減」。

轉換過程所散逸的熱量，就是向熵所付出的能量稅，可以稱為「熵稅」。這不是一個定義嚴謹的物理量，但可以用來解釋很多物理課沒法含括的現象。

為什麼人生就有死？生物（包括人類）的壽命總是有限？

答案是熵稅。因為生命現象的本質就是「新陳代謝」，生物不斷的吸收能量，才能維持身體的基本功能，不至於散亂崩潰。過程中，生物體內的能量（與物質）不斷的轉換形式，所以無可避免的，必須向宇宙繳交熵稅。你可以想像，隨著年紀愈來愈大，許多散亂的廢物逐漸的累積起來。想要維持年輕時的身體狀況，就必須注入愈來愈多的能量。這個正向循環不斷持續（熵增），總有一天，那些散亂就會大到你再也沒法用作功來解決（熵減），那也就是生命終結的一天了，GG。因此可知，不可能「長生不老」（也可以用熱力學第一定律的「永動機」來解釋）；也不可能「青春永駐」──嫦娥應悔偷靈藥，碧海青天夜夜心。

人世間所有社會活動也都要繳熵稅。如果不「黎明即起，灑掃庭除」，你家裡就沒法維持窗明几淨。你作功付出的能量，總是要向宇宙繳熵稅。要維持家庭和樂，社會和諧，每一個家人或社會一分子都要「付出心力」（作功），也勢必要向宇宙繳熵稅。如果有人拒繳，家庭與社會就要散亂崩潰──這就是公民課所要養成的素養。原理其實是在物理學裡，但公民老師不見得知道，你可以反過來教他喔！

　　任何一份職業、工作的本質，都是在想辦法轉換能量成不同形式、增加事物的秩序（熵減）。所以，作功的白話文叫做「做工」。舉例來說，從一堆沙子（矽，低度秩序）製造出矽晶圓、再到積體電路、再到你手上那支哀鳳手機（高度秩序）的這份工作，經歷了無比繁複的能量與物質轉換過程，也就向宇宙繳出了大量的熵稅。地球上的熵稅總和起來，產生的無秩序、散亂、廢物，就是你看到的海洋汙染、臭氧層破洞、氣候變遷、生態浩劫……的根本原因。

　　如果把宇宙當作一個最大的整體系統，並沒有「外在」的第三者（宇宙之外是什麼？答案是沒有宇宙之外。）可以對系統作功。那麼，這整個系統只有一個方向可以前進——熵增，沒辦法作功來逆轉這個趨勢——這叫「熵增不可逆」原理。也可以這麼說，宇宙總是走向崩壞散亂。你可以這樣推理：最終熵最大化的那一天，也就是宇宙的末日結局，「冷寂」——絕對 0 度（冷），所有的原子都不再運動了（寂）。當然，那是幾百億年又幾百億年後的事啦！

　　熵增不可逆原理也是科幻小說、電影常用來玩的梗。比如 2020 諾蘭導演作的《天能》（TENET），他就假設了熵增可以逆轉，所以時間就能倒流囉。但大家看看、得到娛樂就好，千萬不要當作科學去考學測。為什麼這個假設不合理呢？簡單來說，是熵增標記了時間，而不是時間標記了熵增。熱力學第二定律已經規範：在這個宇宙時空中，熵只能不斷增加；於是時間就只能單一方向往前飛奔了。電影中設計了個小道具能逆轉熵增，進而逆流時間。也就是說，它能從宇宙之外向宇宙作功？如果可能，那要灌多少能量？這麼小的裝置能向宇宙灌那麼大的能量……不合物理的疑問一大堆，但藝術家可沒義務回答你。

　　發人省思的是，藝術活動的本質也是「熵減」。畫家消耗能量，將一堆顏料（低度秩序）畫成一幅畫（高度秩序），像梵谷畫向日葵；音樂家消耗能量，組織一堆音符（低度秩序）成為好聽的樂曲（高度秩序），像貝多芬寫第七號交響曲；作家消耗能量，組織一堆文字（低度秩序）成為一本書（高度秩序），像我寫這本書……都得繳熵稅。表現在藝術家的身體上，就是「視茫茫，髮蒼蒼，而齒牙動搖」了。因此，我常覺得，讀者／觀眾要懂得感恩。

　　最後想想你自己，現在要「用功」讀書，學測才會考得好（熵減）；反之亦然。過程當然要繳熵稅，那就是你的青春囉！

2-3　微觀尺度下的能量

本節對應課綱			
主題	次主題	學習內容	學習表現
能量的形式、轉換及流動（B）	溫度與熱量（Bb）	PBb-Vc-1 克氏溫標的意義及理想氣體的內能的簡單說明。 PBb-Vc-2 實驗顯示：把功轉換成熱很容易，卻無法把熱完全轉換為功。 PBb-Vc-3 物體內的原子不斷在運動並交互作用，此交互作用能量與原子的動能合稱為熱能。 PBb-Vc-4 由於物體溫度的不同所造成的能量傳遞稱為熱。	ti-Vc-1 能主動察覺生活中各種自然科學問題的成因，並能根據已知的科學知識提出解決問題的各種假設想法，進而以個人或團體方式設計創新的科學探索方式並得到成果。 an-Vc-1 了解科學探究過程採用多種方法、工具和技術，經由不同面向的證據支持特定的解釋，以增強科學論點的有效性。

　　討論微觀尺度能量時，最常見的水分子等液態分子，因為分子間作用力強，討論起來相對複雜（固體更是如此）。氣體之間的作用力比較弱，所以常被用來做例子。假設氣體分子間完全沒有作用力，就更加理想了。所以，我們把完全不考慮彼此作用

力的氣體分子，稱之為「理想氣體分子」。但科學家的好意常常距離生活經驗較遠，導致同學害怕，這樣就不太理想了。（明明沒有這麼理想！）

在理想氣體中，因為彼此作用力可略，所以沒有位能。它的熱能可以簡單看作是氣體分子動能的總和。從微觀尺度來看，由於氣體分子彼此間不停碰撞，這些動能會隨著時間變化。但在巨觀的尺度上，這些氣體的分子數目非常的多，在熱平衡（固定溫度）狀態下，統計後這些氣體分子的平均動能是固定的。也可以簡化為：在巨觀下，氣體的熱能由溫度決定；而熱能與理想氣體分子的平均動能有關。溫度愈熱，氣體動得愈快，所以氣體的平均動能也可以作為溫度的指標。

熱的傳導也可以從微觀上氣體分子碰撞來解釋，當動能較大的氣體分子碰撞動能較小的氣體分子時，會將能量傳遞過去，讓原先動能較小的氣體分子動能慢慢增加，而原先動能較高的氣體分子則因為能量慢慢轉移，動能逐漸變小。如前面所提，氣體的平均動能也可以作為溫度的指標。巨觀來看，熱能總是從溫度高的地方流向溫度低的地方，最後達到溫度的平衡。

而從微觀來看，裝氣體瓶子的壓力也可以用來作為溫度的指標。因為，壓力微觀來看，來自氣體分子的碰撞。此碰撞會對瓶壁施加一個很小的力。而跟一般壓力計算的公式一樣，總合力除以單位面積，就是瓶壁所受的壓力。

科學家進一步發現，溫度愈低時，氣體分子的動能就愈來愈小，壓力也跟著下降，溫度與壓力呈現線性關係。但壓力在 0°C 時並非為 0。根據這條實驗數據關係線，將溫度降到 -273.15°C 時，壓力才會是 0。而且，各種不同氣體皆是在這個溫度下壓力為 0，也就是氣體分子沒有動能，不再碰撞瓶壁 —— 這個溫度我們稱為絕對零度，最

早是由英國的克耳文提出。因此，以絕對零度作為起點的溫度計量方式，我們稱為「絕對溫標」，並以 K 作為單位，也稱為克式溫標：

絕對溫度（K）= 273.15 ＋攝氏溫度（°C）

0K = -273.15°C

　　絕對零度被視為是分子動能的原點。科學家喜歡從原點開始討論物理，絕對溫度比攝氏溫度更常用。

　　室溫（一般視為 300 K = 27°C）下，分子、原子或電子的運動較為複雜。因此，一般物理系實驗室都有低溫系統，希望降低這些粒子動能，以此來討論物質的基本性質與粒子間的交互作用。這個研究方向也叫做「低溫物理」。

跨領域素養 ▶▶ 資訊科技的極限

　　之前說過，資訊科技的基礎在於物理學，而其前緣發展所將碰到的極限，也在於物理學。

　　怎麼說呢？這半世紀以來，資訊科技的飛速發展，一直遵循著「摩爾定律」（Moore's law）：積體電路 IC 上可容納的電晶體數目，約每隔 2 年（後修正為 18 個月）便會增加一倍。這雖然不是物理定律，比較像是經驗法則，但我們不能小看它的威力。積體電路上可容納的電晶體數量愈多，意味著能把電路元件做得更小，那麼運算速度、儲存容量、空間效能……都會大幅提升。整體而言，就是電腦的性能大幅

提升。今天小學生手上一支手機所具有的運算效能，比半個世紀前人類登陸月球計畫所需還要高！

然而，摩爾定律在近幾年已經碰到瓶頸，我們並沒有看到那種加倍速的電晶體容量，也沒有看到那種加倍速的電腦性能提升。這要從電腦的基本運作原理說起。

電腦這種數位化系統，主要靠中央處理器（CPU）中的時鐘（Clock）。它類似節拍器，發出固定頻率的信號來協調各種電路元件同步運作。你可以想像成軍隊前進時，一定要有個帶隊官喊「一、二、一、二」的口令才能步伐整齊的齊步走。帶隊官如果喊得愈快（頻率愈高），隊伍前進就愈快；反之亦然。但如果帶隊官喊得太快，整個隊伍就勢必要步履紊亂、跌倒傷人，整個隊伍也要潰不成軍。

目前市售的電腦速度大都是 GHz 等級，時鐘每秒振動 10^9 次。也就是說，每 10^{-9} 秒發出一個同步信號。IC 長寬以 3 公分（3×10^{-2} M）來說，信號從一端傳往另一端要多久呢？根據相對論，宇宙間傳遞信號的速度就光速 3×10^8 M/S。除下去就知道，大概要 10^{-10} 秒。你很容易就發現，這兩者很接近了。如果把 IC 做得更小，時鐘頻率加得更高，一定會出事。因為，IC 兩端收到的將不是同一拍的信號（「落拍」），電腦就沒法運作了——這就是相對論設下的科技極限。

另一方面，熱力學也為電腦的速度設下極限。你可以想像，IC 是由許多「開關」（邏輯閘）所組成，藉由開關電流來實現數位運算。熱力學告訴我們，這種能量的狀態轉變，一定會散發出無用的熱量（熵稅）。在單位面積裡的開關愈多，運算起來就愈熱。依世界最前緣如台積電的製造水準，已經是奈米等級，也就是說，一小片積體電路裡，排上幾億個的電路元件根本是小事一樁。但是你也可以想想會有多熱？你可

以做個實驗，把電腦外殼打開，讓電腦跑一陣子後再斷電（一定要斷電別忘了，否則電到不負責），馬上用手去摸摸看處理器 IC，保證燙到你吱吱叫。這個溫度，大概是矽半導體運作的最高溫了，再熱就會當機。

量子論也為電晶體的尺寸設下極限，電晶體如果再縮小，小到只有幾個原子的尺寸。不好意思，它就再也不會以古典力學、電磁學理論所預測的那樣乖乖運作了。而進入了神祕的、機率決定的量子領域。簡單的說，電子不會照你想出現的地方出現、電流不會照你所期望的方向流動……看你要怎麼運算？

工程師的訓練核心思想是「解決問題」。既然物理定律無法改變，山不轉路轉，想辦法用別的設計來突破物理極限總可以吧？

為了繞開相對論極限，工程師們也想到量子論，薛丁格不是說有「量子疊加態」嗎？如果我們能善加設計演算法，讓單一量子就能運算（而不是以電晶體為運算單元），以現在的運算頻率，計算更大量的數據——這就是目前世界各國爭相研發的「量子電腦」。誰先搞成了，誰就擁有掌握世界的力量。成功關鍵就在於怎麼推進量子論，還是物理學決定一切。

為了繞開熱力學極限，工程師花樣百出，設計了各式各樣的節能與散熱裝置。很多人不知道，台灣也是其中的佼佼者喔！世界資訊大廠紛紛把機房搬到寒冷的地方，甚至北極圈去，也是這個原因。但說到底，正如愛因斯坦所說，熱力學第二定律無法推翻。你解決了電腦的散熱問題，卻付出了巨大的熵稅。地球愈來愈熱，到頭來，還不是威脅到人類自己的生存。

那才是終極的科技極限。

2-4 質能互換與核能

本節對應課綱			
主題	次主題	學習內容	學習表現
能量的形式、轉換及流動（B）	能量的形式與轉換（Ba）	PBa-Vc-3 質量及能量可以相互轉換，其轉換公式為 $E = mc^2$。 PBa-Vc-4 原子核的融合以及原子核的分裂是質量可以轉換為能量的應用實例，且為目前重要之能源議題。	tr-Vc-1 能運用簡單的數理演算公式及單一的科學證據或理論，理解自然科學知識或理論及其因果關係，或提出他人論點的限制，進而提出不同的論點。 an-BVc-3 體認科學能幫助人類創造更好的生活條件，但並不能解決人類社會所有的問題，科技發展有時也會引起環境或倫理道德的議題。

　　能量守恆定律與質量守恆定律，都是自然界重要的定律，大家也能普遍的接受與理解。但能量與質量在這兩條定律中，彼此並不互相關聯，看起來是兩種不一樣的東西。愛因斯坦的相對論，其中一個重點是探討當物體速度接近光速的時候，時間與空間的重新修正。基於這些修正，一路延伸下去。也讓愛因斯坦於 1905 年時，推導出即使當物體的動能為 0 時，仍然具有能量，稱之為靜止能量 E_0。

靜止能量居然與質量有關，且質量可以轉換為能量。也就是著名的「質能互換」：

$$E_0 = mC^2$$

因為式中有「光速（3×10^8m/s）的平方」數量級非常大，所以，只要有一點點質量被消滅，轉換產生的質量就非常龐大。

這時你或許覺得奇怪，通常很多物理現象都是因為很小，不容易被觀察；但乘上「光速平方」是一個多麼大的物理量，為何一直沒有被發現呢？或者說，一開始我們討論能量守恆時，為何沒有考慮這一項質量中本來就含有靜止能量 E_0？

主因是物質質量要轉換成能量並不容易。比如烤肉時燃燒煤炭產生能量，是將煤炭的化學能轉換成熱能，而煤炭質量之所以減少，只是與空氣中的氧結合，變成二氧化碳散佚到空氣中，並非真正被消滅了 —— 還是分別遵守著能量守恆與質量守恆。在日常生活中的絕大部分情形，整體系統質量並沒有改變，不須考慮質能轉換，所以能量守恆定律仍然適用。

那在什麼情況下，質量可以轉換成能量呢？

每天我們見到的太陽光所攜帶的能量，就是透過質能互換來的。太陽中心持續進行著將 4 個氫原子核轉變成 1 個氦原子核的過程，此種將數個較輕原子核將其融合成較重的原子核的過程，我們稱之為核融合（nuclear fusion）。一般而言，這樣的過程需要極高溫極高壓的環境，並不容易發生。但是太陽核心區域正好滿足這樣的條件，就能增加其發生的機率。

4 氫核（$_1^1$H）→氦核（$_2^4$H）＋ 2 正電子（$_1^0$e$^+$）＋ 2 微中子（$_0^0$v）

核融合反應後，總質量變輕，減少的質量藉由質能轉換釋出，這就是太陽能的來源。太陽能就是一種經過質能轉換的核能，所以也可以說，核能本來就是我們日常最普遍使用的能量來源。

進一步解析太陽的核融合反應，這 4 個氫原子核並不是一步就轉變成 1 個氦原子核。過程中兩個氫原子核（質子）會先形成氘原子核，並放出與電子質量相等，但電性相反的正電子與微中子。因為彼此的庫倫力作用，兩個帶正電的質子要融合在一起非常不容易；質子變成中子也需要弱核力的參與。所以，核融合是一種包含了強核力、弱核力與電磁力的複雜過程。

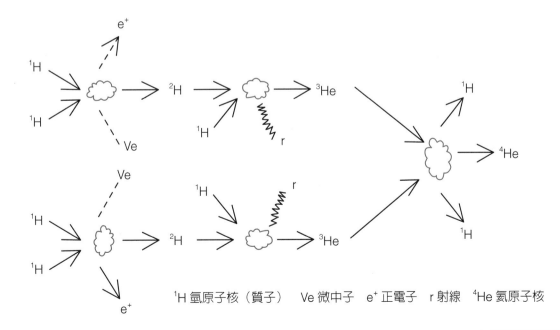

^{1}H 氫原子核（質子）　Ve 微中子　e$^+$ 正電子　r 射線　^{4}He 氦原子核

在地球上創造小太陽是科學家的夢想（或稱「終極聖杯」），鋼鐵人胸前的核反應爐就是這種想像中的產物。目前科學家努力的方向是：從海水取得的氘（^{2}H），先將氘與氫（^{1}H）融合成氚（^{3}H），再將氘和氚融合成氦（^{4}H）。這樣的核融合除了原料充沛外（取自於海水），反應也相對安全；也不會產生溫室氣體，以及遺留高放射性核廢料。但由於氘與氚都是帶正電荷的離子，彼此之間有巨大的排斥力（同性相斥）。所以，要能讓兩個正電荷離子相互融合，需要達到每秒數千公里的高速。目前還有許多技術問題待克服。

由於核融合發電尚有一段距離，目前世界上普遍使用的核能發電技術，還是仰賴「核分裂」：主要透過外界的撞擊，將一個原子核分裂成數個較輕的原子核。以目前常用的發電原料鈾為例，比較容易產生核分裂的鈾 -235（$^{235}_{92}$U）僅占天然鈾礦的 0.7%，而較穩定不易分裂的鈾 238（$^{235}_{92}$U）卻占 99.3%。

鈾 -235 的原子核受到中子撞擊的時候，會分裂成兩個較輕的原子核，並伴隨著放出 2 到 3 個中子，核分裂後的總質量變小，所以可以透過質能轉換釋放出可觀的能量。

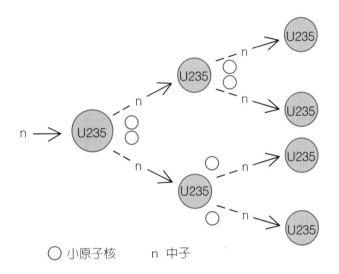

○ 小原子核　　n 中子

　　利用核子反應爐，就可以將這些能量用來蒸發水，變成水蒸氣來推動渦輪發電機，進一步發電。相較於傳統火力發電，這過程並不會產生溫室氣體，而且發電效率極高。但是連鎖反應所放出的中子會繼續撞擊其他鈾-235 的原子核，不適當控制的話，也會一發不可收拾。因此，冷卻系統極為重要，也是大家擔憂之處。

　　最近的一次核能發電廠的災害事件，是 2011 年日本 311 大地震所引發的海嘯事故。強震發生時，反應爐已經緊急停機，但隨之而來的海嘯破壞了緊急發電機組，使得冷卻餘熱的冷卻系統停擺，而引發一連串複合性的災難，導致輻射外洩，至今餘波盪漾。因此，現在有許多新設計來改善遇天然災變時，核電廠的耐受力與應變能力。

　　另一項核分裂值得擔憂之處，在於分裂後產生的核廢料仍然具有放射性，持續輻射出能量。要知道輻射能量遵守「光速平方」的質能互換式，所以放出的輻射能量都很強，也會傷害生物的正常機能。不同種類的輻射線有不同的穿透力，如：

α 射線：氦 He 的原子核，帶正電，所以遇到材料裡的原子核就會被擋住，靠一張紙即可屏蔽。

β 射線：波長小於 30 pm 的高能量電磁波。需要原子序大一點的厚金屬板（如鉛）來作為吸收體。

中子 n：中子輻射最麻煩。因為中子不帶電，所以非常難擋住，需要富含氫核的水或混凝土，才能夠做適當的屏蔽。

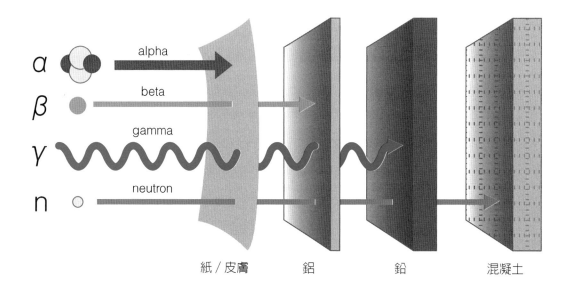

紙／皮膚　　　　鋁　　　　鉛　　　　混凝土

　　愛因斯坦的質能轉換定律引發了核能的發現與應用，到底是天賜的恩惠，還是潘朵拉的盒子？需要人類仔細的思考與運用。

　　科技本身沒有善惡，而是應用的人才有善惡。比如中子輻射線穿透力強，會傷害人體。但也可以用來檢測鐵軌或飛機的材料安全性。使用之妙，存乎一心。

　　人體所受的輻射劑量，國際單位為西弗（Sv）。定義為 1 Sv = 1 J/kg。而 1 Sv 的劑量非常高，多以毫西弗（mSv）作為輻射計量的單位。我們身邊其實充斥各式輻射，包含許多的科學治療（X 光、核磁共振⋯⋯）等等，充分了解輻射的應用，也可以避免無謂的恐懼。

　　質量可以轉換成能量。反過來，有沒有可能，能量也可以轉換成質量呢？聽起來就像是魔術一樣，但已經被實驗證實了。當光子的能量大於等於兩個電子質量可以轉換的能量時，其中一半會轉換成電子，另一半則轉換成正電子（這樣才遵守電荷守恆）。這過程稱之為「配對產生」。若光子能量再更大的話，也有可能產生其他質量更大的粒子，但也須遵守電荷守恆。這就是真正的「無（質量）中生有（質量）」。不是障眼法，而是真正的科學。

　　在能量章節的最後，你應該已經發現所有的能量使用都有正負面效果，有好處也有風險。從更高層次而言，其實也是自然界的某種守恆律：好處總是帶著壞處。也可以說，禍福與共，每朵烏雲都鑲金邊（every cloud has a silver lining）。我們是不是可以期待電腦再快一點？影像播放再流暢一點？身邊都有物聯網、人工智慧與機器人服務？那就要考慮所將付出的代價。（熱力學第二定律的身影又出現了）

　　或許減少一點慾望、少一點便利，是減緩世界往更混亂的地方前進的唯一辦法，這完全符合 Mother's Law。

03

量子

. . . .

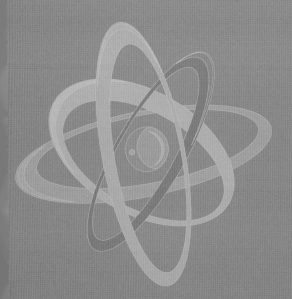

　　量子力學被認為是近代物理學的基本支柱。許多如原子物理、固態物理等基礎科學，以及如光電及半導體等應用層面，多需藉由量子力學從微觀的角度解釋，才能有進一步的理解與技術發展。舉台灣的「護國神山」台灣積體電路製造股份有限公司[1]（TSMC，簡稱「台積電」）而言，它所製造的半導體元件尺寸愈來愈小時，量子現象就會益發明顯（或說「詭異」，不遵循古典物理學的預測）。因此，如何在設計元件時納入量子現象來考量，就成為非常重要的議題。

　　此外，相信大家也開始聽過「量子電腦」（Quantum computer）這個最新科技名詞。在本書寫作當下，量子電腦已經不是未來式，而是現在進行式──IBM 於 2019 年製作出 53 個量子位元的量子電腦；而 Google 宣稱「量子霸權」，目前電腦需要計算一萬年的事情，其量子電腦只需計算 200 秒[2]。預計會掀起一波全面的量子工業革命。

　　要踏入量子力學，進而應用量子科技的首要工作，便是先理解何謂量子現象。那就是本章的主要內容，歡迎大家一起來入門。

跨領域素養 ➠ 人類的黃金時代

　　希臘神話中有「黃金時代」的說法，根據柏拉圖的描述，那時代裡，人類與天神共居（出門就會遇到神）。天神守護人類，社會和諧美好。神人輩出，世界充滿智慧

1　https://www.tsmc.com/chinese，台積電是台灣最大的民營產業，很容易被列為學測考試範圍，同學可以多讀一些相關報導。

2　Google：量子霸權。意指在量子電腦的領域中稱霸。

和慈愛的光芒，閃閃發亮有如黃金，所以稱之為黃金時代。

　　神話的部分，我們就不深究了。從人類大歷史的角度來看，第一次黃金時代出現在「文藝復興」（Renaissance）時期，大概在 14 世紀末到 16 世紀，其主要的思潮是人文主義（Humanism），影響遍及文學、哲學、藝術、政治、科學、宗教等知識領域。當時大師輩出，科學上有重大成就的有哥白尼、伽利略……藝術上有但丁、彼特拉克……還有我們耳熟能詳的哥倫布和麥哲倫，用列舉的方式真的寫不完。好像只要出門就會碰到大師，如同神話裡的黃金時代。如果有興趣的同學，可以上網查查「文藝復興」。

　　第二次黃金時代，大概落在 19 世紀末到 20 世紀上半葉。我認為比第一次的「含金量」更高，為什麼呢？第一次有兩、三百年，第二次才五、六十年，就出了那麼多大師啊！歷史課本上沒有提及，大概是因為時代離現在太近，所謂「燈下黑」，看不到那閃亮的光芒！

　　在本書中出現的科學家以愛因斯坦為首，有海森堡、波爾、歐本海默、波茲曼、費曼、薛丁格……等等，全是這第二黃金時代的神人。他們的事蹟在本文中有提，不再重複。

　　生物學上，出現了超級巨星達爾文，閃亮程度我覺得不下於愛因斯坦，最起碼可比得上伽利略、哥白尼。他提出的「演化論」簡直顛覆了所有民族神話裡的宇宙觀，解開了人類起源之謎：人與猴子有共同的祖先，是物競天擇而演化來的。這麼簡單的事，再也不需要上帝或其他神明來插手了。

　　達爾文解開了生物「硬體」的謎；而生物的「軟體」，也就是心理、意識等成分，

就交給了佛洛伊德和榮格前後兩位大師。他們兩位的主要成就是提出了「潛意識」和「集體潛意識」的理論，開啟了人類意識研究的先河。以前神祕難解的靈魂啊、意識啊，以後也可以應用科學方法來分析了。

接著，有愛迪生、特斯拉……等天才，將這些科學家的研究成果，應用到日常生活中，大大改善了人類的生命品質；應用科技的力量而成大企業家的神人就更多了，在此無法列舉。

在文學上，有我這派的祖師爺海明威。他引用佛洛伊德，提出了文學的「冰山理論」，好的文章應該簡白易懂，讓人一目瞭然，像冰山浮在水面上的部分一樣。但是，所蘊藏的深意，要像冰山水面下的部分，巨大而值得人咀嚼再三。國文課裡一定收錄他的《老人與海》，「一個人可以被毀滅，但不能被打敗！」

在視覺藝術上，出了梵谷。這一位不用多介紹吧？雖然他最後發瘋自殺了，但卻無損於其作品的天才。學物理學的同學不知有沒發現，他的《星空》居然畫出了星雲結構和當時所未證實的黑洞的重力場扭曲……不知道和愛因斯坦有沒有關係？

後來還有現代藝術的先行者達利，他專門畫一些超級詭異、有如夢境般的超現實主義作品，呼應了佛洛伊德。最近 Netflix 上有齣熱門影集《紙房子》（推薦要看，很多社會科的知識），就是以達利翹著兩撇詭異的小鬍子面具作為象徵，巧妙地又呼應了這個黃金時代。

在古典音樂上，出了德布西、拉威爾、德弗札克、馬勒……等大師。馬勒的第五號交響曲，總結了浪漫樂派；而德弗札克的《新世界交響曲》開啟了現代樂派，你都應該聽一聽。這個黃金時代的尾聲則是「爵士時代」，路易斯·阿姆斯壯和一大票爵

士大師們，演奏出人們靈魂深處的旋律，餘音繞樑至今⋯⋯

　　政治人物誰偉大爭議多，但我想各位一定同意，我們國父孫逸仙博士，是世界上響噹噹的一號人物，革命先行者。「中華民國基於三民主義，為民有、民治、民享之民主共和國。」

　　這個黃金時代中，思想家輩出，影響人類社會最深遠的，莫過於馬克思（Karl Marx）了。他創立的馬克思主義是後來社會主義、共產主義的濫觴。雖然不見得相容於當今民主自由、資本主義的主流思潮，但他對人類社會的洞見，仍然影響著一個又一個世代的人們。只要你選了社會組，無論什麼科系，馬克思理論都是要讀的。我最喜歡馬克思所描述的理想人生：「早上工作、下午釣魚、晚上批判文藝。」你說，是不是超有道理？

　　這是人類最後的黃金時代，大約結束於第二次世界大戰。你一定提出反對，明明戰後的人類世界繁榮富庶、科技突飛猛進⋯⋯怎麼能說黃金時代結束了呢？

　　我的答案是：因為各領域的技術日趨複雜，戰後這些人類文明的進步，多是集體的產物。很難有個人憑一己之力，就大幅推進人類文明，有如神明般的表現了。舉例而言，結束大戰的原子彈，很難說是誰發明的；登月計畫也很難說是誰想出來的；還有影響下一個世紀最深遠的 AI、internet、基因科技⋯⋯都是人類大規模集體合作的產物。（當然，最糟糕的民粹主義、新興邪教⋯⋯也是集體產物）

　　至於會不會有下次黃金時代？關鍵就在正在讀本書的你身上囉！

3-1 光的粒子性

本節對應課綱			
主題	次主題	學習內容	學習表現
自然界的現象與交互作用（K）	量子現象（Kd）	PKd-Vc-1 光具有粒子性，光子能量 $E=h\nu$，與其頻率 ν 成正比。 PKd-Vc-2 光電效應在日常生活中之應用。	tc-Vc-1 能比較與判斷自己及他人對於科學資料的解釋在方法及程序上的合理性，並能提出問題或意見。 （例如：光電效應發現與研究的發展過程） an-Vc-2 了解科學的認知方式講求經驗證據性、合乎邏輯性、存疑和反覆檢視。 （例如：愛因斯坦拋棄波動說提出光子論）

　　經典物理最終的重要成就，莫過於電與磁的統整而形成了電磁學。人們了解到，光也是一種電磁波。像水波、聲波……等週期性的波動現象一樣，有頻率、有振幅、有波長、有速度……可以攜帶能量。照理來說，也應該像你在澡缸裡拍動水面一樣，用力大就波動大、用力小就波動小，可以隨心所欲、「無段數」調整其能量的大小——

這就是「連續」能量的概念。

　　然而，普朗克進行了「黑體輻射」實驗，卻發現完全不是這回事，無法用單純的波動來解釋。事情是這樣的：

　　大於絕對 0 度（-273 ℃ / 0 K）的物體（這句是廢話，因為前面我們講過，絕對 0 度達不到），其原子就會產生震盪，進而放出輻射。比如在室溫下（27 ℃ / 300 K），大多數的物體都會放出紅外線，只是肉眼看不到。而當我們持續加熱某個物體，就會使其原子震盪愈來愈快，該物體就會發出可見光範圍的光。比如烤肉燒炭，一開始只冒煙沒火光，若你持續加熱，木炭就會漸漸變紅。

　　物體的顏色決定於光的頻率，也就是光譜（Spectrum）。換句話說，從物體的表面射出，進入我們眼中的光屬於哪種頻率，就決定了物體的顏色。

　　比如香蕉看起來是黃色，是因為香蕉皮只會反射黃光，吸收了其他顏色的光；而蘋果（看起來）是紅色，是因為蘋果皮只反射紅光，吸收了其他顏色（光譜）的光。

　　白紙為什麼看起來是白的？因為它反射了所有色光，混合起來，我們的感官將它解釋為白色。黑色的物體為什麼是黑的？因為它吸收了所有色光，不反射任何色光。所以，我們將它解釋為黑色。也因為這個道理，夏天如果你坐台黑色的車子，鐵定比坐在白車裡熱。因為，黑車吸收了所有色光的能量，而白車全反射出去了。

　　同理但違反直覺的是，繪圖顏料的顏色，其實是代表那種顏料不吸收該顏色的光，而將其反射出來了。你也可以說，紅色顏料不吸收紅光；黃色顏料不吸收黃光……因此，如果你把不同顏色的顏料混在一起，它會吸收所有顏色的光，就變成黑的了。

　　天空為什麼是藍色？因為太陽光穿透大氣時，氣體分子將光線四面八方散射掉了，只剩下藍光到達我們的眼珠。不同溫度的火焰會產生不同的顏色，是因為燃燒的物體，原子震盪的頻率不同，導致所發出的光譜不同。

---

　　19 世紀初期的冶金工業及照明設備工業，都希望能夠了解不同溫度下，物體放出的光（輻射）與顏色（頻率）會產生什麼樣的變化？如果能掌握這之間的關係，比如製造燈具，你就能藉由加熱，控制燈光的顏色。

　　許多科學家進行了物體溫度與光譜間的研究，為避免外部光源照到物體，所反射的光也被收到偵測器裡，而干擾物體本身因為溫度而發出的光，所以都選擇了黑色的物體 —— 稱之為黑體輻射實驗。溫度與光譜的關係，就是由威廉·維恩於 1893 年透過實驗數據的經驗總結而來。它指出，黑體輻射光譜輻射的峰值波長與自身溫度之間成反比關係（$\lambda T = constant$），稱為「維恩位移定律」（Wien's displacement law）。一百多年前到現在，仍然被用於天文學中，據以量測天體的溫度 —— 紅色（波長長）的星球比較冷（溫度低）；藍色（波長短）的星球比較熱（溫度高）。另外，生活中常見的紅外線耳溫槍也是這個道理 —— 只要量測從你皮膚反射出來的光線波長，就知道你的體溫了。

　　記得嗎？理論只是尚未推翻的假設。這時普朗克想要做實驗，確認黑體輻射與溫度的關係。卻發現，頻率（光速／波長）與光譜能量密度之間，理論上應該是一條連

續曲線。但是，當他將頻率刻度愈調愈小（精密）時，卻發現能量密度曲線出現了「不連續」的現象，像階梯一樣；而不像一條平緩連續的山坡。

於是，他大膽假設，光（電磁波）所帶的能量，並不像古典物理所預測是連續的，而是不連續、一包一包的能量包，也就是「量子」。進一步，他將實驗數據量化，於 1900 年提出劃時代的電磁波能量量子化（energy quantization）的觀念。

$$E = nhf$$

其中，n 為正整數，h 為普朗克常數 6.62×10^{-34} m^2 kg / s，f 為電磁波的頻率。這才解決了長期以來以古典物理學推導出來的理論與實驗有極大落差的問題。

起初，連普朗克自己都不太相信他的假設有意義。因為，普朗克常數（Planck's Constant）的數量級已經到 10^{-34}，實在太小了。這個量子化的間隔太小，小到讓你覺得能量是連續的。你可以一條線一條線間隔的畫畫看，當間隔很小的時候，線跟線之間看起來就像是連續的。

至於，這麼小的數值最後是怎麼被證明具有物理意義呢？那就要等待下一節我們所要介紹的科學界超級巨星，也是普朗克的貴人 —— 愛因斯坦。

思考問題 ➡ 質量定義

各位同學如果還記得的話,在我們《學測物理》上冊(還沒買快去買)中有提到,2019 年 5 月開始,質量單位「公斤(Kg)」將不再以公斤原器作為標準,而是以普朗克常數(Planck's Constant)來定義,以避免公斤原器因氧化等因素而產生質量變化的問題。

然而,普朗克常數與公斤之間有什麼連結呢?可以從第一章所提到的因次祕技來思考:普朗克常數的單位是 m^2 kg / s,而公斤是 kg。我們只要適當地透過物理定律將其中的 m^2 / s 去掉就行了。至於實際上怎麼做,已經超過學測物理的範圍了,留待同學有空再深入探究吧!

不過,我們也因此理解,普朗克常數和光速一樣,是一種恆亙宇宙、無論去到哪裡都一樣的常數。能找到這麼小的數,真是了不起。

探究實作 ➡ 愛因斯坦的探究:光電效應

愛因斯坦是普朗克的貴人,因為他在 1905 年發表的論文 "*Concerning an Heuristic Point of View Toward the Emission and Transformation of Light*",透過普朗克的光粒子假設($E = hf$),解釋了困擾多時的光電效應結果,凸顯出普朗克的貢獻。普朗克於是在 1918 年贏得諾貝爾物理獎。

但其實普朗克也是愛因斯坦的貴人。愛因斯坦在擔任專利審查員時投稿的這篇文章,即是由時任期刊編輯的普朗克所接受刊登。也讓愛因斯坦因為對光電效應理解的

貢獻，獲得了 1921 年的諾貝爾物理獎。

　　愛因斯坦對光電效應數據的理解是什麼呢？於 1887 年時，赫茲就已經意外地觀察到光電效應，並發表了《論紫外光對放電的影響》的論文（目前頻率的單位 Hz 即是以他的名字來命名）。當時赫茲努力驗證馬克士威的電磁理論的實驗：利用兩套放電電極，一套用來產生振盪，進而發出電磁波；另一套充當電磁波接收器，用於檢驗電磁波的存在。實驗進行中，意外發現了在光和電之間，有著直接的相互作用。當紫外線照在負電極時，效果最明顯。這個用光能轉成電能的效應，後來被稱為光電效應，也是今日太陽能光電板的基本作用原理。

　　赫茲的實驗引起了科學家廣泛的興趣。於 1902 年，另一位科學家萊納德進一步的探討光電效應實驗中各相關物理量間的關係，發現了三個重要但卻無法被經典物理學解釋的現象。而愛因斯坦則提出了他對此三個現象的嶄新觀點，相當具有解釋力，進而驗證了光的粒子說。甚至，可以據以求出普朗克常數，與普朗克自己用來解釋黑體輻射實驗的常數，誤差不到 0.5%。因而被視為量子物理的一大成功。

　　到底萊納德發現哪些現象，是古典電磁理論無法解釋，而必須用光的粒子說才能夠解釋的呢？如果你是實驗者，又會採取哪些實驗變因？

　　當時，主要觀察光的三個物理量：

1. 光是什麼顏色？也就是頻率或波長，兩者間可換算。
2. 光亮不亮，也就是光的強度。當時還不清楚光的能量到底是與顏色相關？還是跟光愈亮、能量愈強？

由於發現了光電效應 [3]：光可以打出材料中的電子。所以，實驗中除了操作光本身的變因外，另一個可以操作的變因就是更換不同的材料。研究看看光照在不同材料上時，能不能夠把電子打出來？光被電子打出來之後，就稱之為光電子；蒐集這些光電子的訊號形成光電流。若要知道光電子的動能有多大，可以施加反向的電壓去阻止光電子到達電極板。當施加的反向電壓可以完全抑制光電子到達電極板時，光電流則為0。這就叫做阻止電壓。阻止電壓愈大就代表光電子的動能愈大；反之，阻止電壓愈小則表示光電子的動能愈小。

有了以上實驗的概念後，我們就可來談談萊納德發現的三個無法被經典物理學解釋的現象以及愛因斯坦的觀點：

現象一：沒有古典理論預測的時間延遲

光的頻率要大於某個特性頻率（底限），才能夠將電子打出來。若光小於底限頻率，不管照多久，都無法把電子打出來。而此底限頻率與材料有關。若光能夠有機會將電極板材料上的電子打出來，那麼瞬間（$<10^{-9}$ sec）就能夠把電子打出來。

愛因斯坦的觀點：這表示光的能量集中在某個特定區域，就好像粒子一樣，因此提出「光子」的概念。這點與經典理論不符，若光是一種波，而能量應該不是集中在特定的區域上，電子吸收了足夠多的能量後（累積一定的時間）才會被打出來。

3　光電效應的實驗設計圖請 Google：光電效應。

現象二

　　光電效應產生的光電流（單位時間蒐集到的光電子數目）會隨入射光強度增加而增加，但阻止電壓卻與入射光的強度無關。這與經典理論不符，經典理論中，電子接受光的能量獲得動能，光愈強則能量愈大，電子的速度也就愈快。

　　愛因斯坦的觀點：阻止電壓與光電子的動能有關。所以，入射光的強度增加卻與阻止電壓無關，表示光的強度與光電子的動能無關。而光電子的動能是由光子轉移而來的。所以也進一步表示，光子的能量與光的強度無關，而與光強度與光電流（單位時間蒐集到的光電子數目）有關，也因為光子數目會與打出來的光電子數目有對應關係。所以，光的強度與光子的數目有關。

現象三

　　光電效應產生的阻止電壓會隨入射光的頻率增加而增加，但光電流（單位時間蒐集到的光電子數目）卻與入射光的頻率無關。

　　愛因斯坦的觀點：阻止電壓與光電子的動能有關。所以阻止電壓會隨入射光的頻率增加而增加，則表示光的能量與光的頻率有關，而與光電流（單位時間蒐集到的光電子數目）無關。

　　根據上述推論，愛因斯坦的光量子假說，才能夠——解釋用經典理論無法解釋的光電效應實驗現象，也進一步的釐清了光的強度（亮度）、頻率（波長）與光能量之間的關係。光的強度可以視作光子數目的多寡，光的能量則與光的頻率成正比。其比例係數剛好與普朗克假設的普朗克常數相同（$h = 6.62 \times 10^{-34} \, m^2 \, kg/s$）。

　　所以愛因斯坦的光量子理論的光能量即是 $E = hf$。而光電效應的過程中，光打在不同材料上需要克服的不同底限頻率，就是表示需要克服電子在不同材料中被束縛的能量 W，被稱作功函數（不要被名稱所誤導，功函數不是一個函數，而是能量。而底限頻率即是 $f_0 = W/h$）。若被打出的光電子動能為 KE（動能的英文叫 Kinetic Energy），整個光電效應實驗過程中的能量守恆就可以表示成：

光能量 $E = hf = W + KE$

　　這式子簡潔有力。若說普朗克的黑體輻射理論是光量子說的敲門磚，愛因斯坦的光量子說便開啟了一個新的大門。從不同的實驗卻能夠得到相同的普朗克常數，更是讓人無法忽視的重要訊息。

　　後來，康普敦改用能量更強的 X 光來做光電效應實驗。X 光打在材料上的過程，完全也可以被能量守恆及動量守恆所描述，這更加證明了光是個無質量卻有動量的粒子。

思考問題 ⇒ 光電效應在哪裡？

　　同學可以想想看，在日常生活中，除了太陽能光電板之外，還有沒有哪些應用光電效應的例子？

參考答案

．．．

　　數位相機中的影像感測器即是用感光元件來感應入射光線強度，原理即是「光電效應」──光的強度可以轉成光電流訊號，來感應入射光的強度。

　　而選擇矽做感光元件的原因，其一是製程方便。因為目前半導體工業多是採取矽晶圓來加工。其二是因為若要將矽中的電子激發到能夠形成光電流，能量要大於 1.1 eV。這剛好是從不遠的紅外光到涵蓋整個可見光光譜的範圍。因此，用以拍攝日常生活的數位影像最適合。

　　矽真是個奇妙的材料啊！

3-2 粒子的波動性

本節對應課綱			
主題	次主題	學習內容	學習表現
自然界的現象與交互作用（K）	量子現象（Kd）	PKd-Vc-3 原子光譜。 PKd-Vc-4 能階的概念。 PKd-Vc-5 電子的雙狹縫干涉現象與其波動性。	tr-Vc-1 能運用簡單的數理演算公式及單一的科學證據或理論，理解自然科學知識或理論及其因果關係，或提出他人論點的限制，進而提出不同的論點。 （例如：波耳放棄古典理論提出氫原子模型） an-Vc-1 了解科學探究過程採用多種方法、工具和技術，經由不同面向的證據支持特定的解釋，以增強科學論點的有效性。 （例如：電子的干涉實驗驗證物質波）

　　早在牛頓時期，就提出了光的粒子說。但是，牛頓自己卻一直沒法實驗證明。反而是他的科學對手惠更斯，成功的證明了光是一種波動。

　　直到，普朗克及愛因斯坦相繼成功證實了光的粒子性，才證明了牛頓的遠見（牛頓應該含笑九泉了）。此時，另有一位法國人德布洛伊（de Brogile）提出了更大膽的假設：既然光這種波動是粒子，那麼，反過來說，沒有道理，粒子也不是一種波啊！

於是，他在 1924 年缺乏證據的情況下（學牛頓），在其博士論文中提出了物質波（Matter Wave）的概念：認為任何物質皆具有波動的特性。而且還通過了博士論文口試了。（不僅他大膽，論文評審的口試委員更大膽。）

物質如果是一種波動，你可以這樣想像：你是物質，你有波動的特性，你有波長和頻率（什麼意思？身高是波長？還是手臂張開長度？）；當你走進教室的門時，就像光通過狹縫，應該發生繞射！那該是多麼詭異的一件事啊……

但科學就是這一回事，有人提出了合理的假說，就有人要想辦法證明。於是，有科學家就解釋，要發生繞射，波長與狹縫的寬度愈接近愈明顯。在一般日常的尺度下，人身體的物質波波長都太短（也很難定義、測量），短到我們經過教室的門的時候，不但沒有繞射，也沒有感覺到教室門對我們的影響。所以科學家把腦筋動到微觀尺度上——在排列整齊的晶體中，原子間的距離就是一個極小的天然狹縫。所以，可以把電子加速通過晶體，看看會發生什麼事情？選擇電子的原因是電子帶電。因此只要施加不同電場就可以改變電子的動能及動量，進而研究電子通過這些晶體狹縫所產生的效應。

1927 年，美國科學家戴維森以及革末將電子打在鎳金屬上，結果觀察到了繞射的結果。而同一年，湯姆森也將電子通過鋁箔，觀察到了與 X 光通過鋁箔類似的繞射圖形。從實驗上證實了德布洛伊的大膽假設：粒子具有波動特性。

在實驗中也發現了，當電子的動能及動量愈小時，粒子波動特性表現得愈明顯。這進一步說明了，為什麼我們通過教室時，沒有顯現出波動的繞射特性？因為，我們的質量約是電子的 10^{36} 倍。動能與動量比電子大太多，所以當然波動的特性不明顯。

但並非沒有，只是小到觀察不到。

　　日常生活的尺度太大了，觀察不到物質的波動性。但別忘了，我們身邊所有的電腦、手機裡的電子元件都是靠電子在運作，我們早就已經進入量子物理的應用世界裡了。

　　無論如何，要記住一個很重要的原則：

量子特性要在比原子還小的尺度上才觀察得到！

量子特性要在比原子還小的尺度上才觀察得到！

量子特性要在比原子還小的尺度上才觀察得到！

　　（這句話很重要，所以要說三次。）

探究實作 ➡ 原子光譜

　　湯姆森利用陰極射線管實驗發現帶負電的電子是原子的基本組成之後，拉塞福進一步利用 α 粒子（氦 He 的原子核）作為探測原子結構的工具，而發現了原子中的空間大部分是空的，原子的質量集中在只占原子大小約十萬分之一、帶正電的原子核。

　　電子與原子核的質量相差極大且電性相反，如何穩定存在一起的呢？如果單純只是正負電荷相吸，那兩者一下子就會碰撞在一起，中間怎麼會有空間？於是拉塞福提出，電子繞著原子核旋轉的行星模型。它看似可以達到力的平衡，使電子在圓形軌道上穩定的運轉，類似行星繞著恆星轉。

　　但若以電磁學的觀點來深究，一個帶電的粒子做加速度運動（類似圓周運動）勢必會放出電磁波，而輻射出能量。套進拉塞福的模型，電子帶負電，勢必也無法穩定

的繞原子核做等加速度圓周運動，照理說會因為輻射出能量而使軌道愈縮愈小，最終相撞而崩壞。

這個問題困擾了科學家非常久。

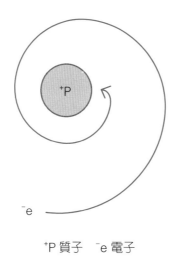

⁺P 質子　⁻e 電子

另一方面，科學家對氣體的發光現象也非常感興趣，比如將氫氣加熱，就會輻射出光譜[4]。跟黑體輻射的連續光譜不同的是，這些光譜通過三稜鏡分光後，輻射出的光譜竟然「不連續」；也就是說，這些光譜只出現在特定的能量位置，像是光譜線一樣。若更換不同的氣體，這些光譜線出現的位置也不同。那就表示每種氣體都有屬於自己的特徵光譜，就像是擁有自己的指紋──今日這項技術被應用於分辨未知氣體，就像

4　氣體發射光譜的圖形請 Google：氣體光譜、發射光譜。

是靠指紋抓犯人一樣。

　　當時的科學家們並不知道這種非連續性的氣體光譜線出現的原因，直到 1913 年，波耳奠基於拉塞福的行星模型，輔以兩項重要的假設，一次解釋了行星模型的穩定性與氣體光譜為何不連續的兩個重要問題：

假設一

　　電子只能沿著某些特性的圓形軌道運行，不能是任意的圓形軌道。根據電磁學，每個圓形軌道都對應某一個特性的能量。電子在這些特性軌道上運轉時，才會是穩定的（也就是不輻射出電磁波）。將這些特定軌道上的能量從低至高畫出來，就形成了「能階」。原子的能量只能允許分布在這些特定能階上。

假設二

　　電子可以藉由吸收或放出光子，在這些能階之間進行躍遷。根據能量守恆定律，當電子從較高的能階（E2）跳到較低的能階（E1）時，這兩個能階間相差的能量會讓系統輻射出光子。而輻射出的光子能量則是 $E = E2 - E1$。再根據愛因斯坦的光量子論，輻射出的光頻率為 $f = E/h$。

　　而有了這兩個假設，氣體輻射出的不連續光譜就可以被合理解釋：因為進行特性能階間的躍遷，就會得到特性能量的光譜。但波耳當時並未說明為何電子在這些特定軌道上能穩定運行？

　　這時候，德布洛伊的物質波概念就派上用場了：當物質波的波長剛好有機會在特性軌道上形成「駐波」（靜止不動的波）時，能量就會保持穩定了。成立條件為：圓形軌道的周長恰為物質波波長的整數倍 $2\pi r = n\lambda$。

　　因此，原子結構之所以能保持穩定，也需要粒子波動性才能解釋。也可以說，粒子波動性早就擺在那裡，只不過我們沒想到罷了。

　　波耳的氫原子模型是將在古典的行星模型，結合了物質波動特性，合理的用特定軌道以及能階解釋了氫原子光譜的實驗結果，成為量子論初期的重要貢獻。

　　當然後來量子論發展更為完備後，大家認為波耳的氫原子模型已經不盡然正確，又把它歸類成古典的量子論，但完全無損波耳的氫原子模型的貢獻。不可以「貴今而賤古」的包容性，也是我們應該在這些科學發展過程中學會的重要觀念。

跨領域素養 ➠ 因果、機率與貓咪

　　一切都要怪薛丁格，不可以怪貓咪。自從他提出那隻「在箱子裡同時又是死又是活」的貓以後，雖然內行的科學家都聽懂了他想表達的量子疊加態，但也有更多外行人誤用了他想要用巨觀事物詮釋微觀現象的比喻，造成了很多知識領域的大混亂，至今餘波盪漾。

　　為什麼呢？因為人類大腦的演化，是為了讓人類辨識出更多的「因果關係」，提高在演化競爭中生存的機會。你只要想想遠古人類在非洲大草原上，如果能更快速的由「斑紋」（因）聯想到「花豹」（果），是不是更容易活下來？如果能從「皮膚光澤」（因）聯想到「好配偶」（果），是不是能繁殖出更健康的後代……這類的因果關係

模式完全是靠經驗和想像力建立的，很容易出錯。比如：將斑馬誤認為花豹，那就可能少一頓飯吃了；認出了外表漂亮、卻看不出心如蛇蠍，那就會所配非人，遺憾終身了。

想像力超不可靠，但就像毒品一樣，用久了會上癮。人類遇到了經驗沒法解釋的現象，就會運用想像力，武斷地決定它的因果關係：為什麼會打雷（果）？因為雷公生氣了（因）。為什麼衰事總是發生在你身上（果）？因為上輩子做壞事（因）。

這些杜撰的、武斷的因果關係，陪伴人類度過了文明的漫漫長夜。

隨著科學的進展，我們知道了有很多這類現象是「機率」作用的結果，並沒有什麼確定的「因果關係」——為什麼被雷打到？衰事總是發生在你身上？純粹就是隨機的。你就是衰，沒有原因可言。

凡是以機率決定的現象，沒有確定的因果關係可言，這對人類的思想造成重大的衝擊。學過「測不準原理」[5]以後，你一定很疑惑（至少我當年很疑惑），連電子所在位置、動量都沒辦法同時確定，要怎麼學電子學？電子也沒有什麼固定軌道可言，要描述它的唯一方法就是機率雲。（雲？什麼雲？電子是一團雲？）

更不用說外行人了。有人穿鑿附會，說鬼魂就像電子一樣，來無影去無蹤，會穿梭在多次元的宇宙中；出現位置是以機率雲分布，所以有的人看得見、有的人看不見。也有人說，靈魂是一種人的量子疊加態，就像薛丁格的貓，只要你不揭開箱子，它就不會坍縮……乀……這我真的不知道要怎麼解釋。

5　Google：測不準原理。

　　物理學上的理由不容挑戰，那就是量子論只能用在量子上，也就是微觀尺度。在日常生活的尺度上，根本沒有量子論適用的空間。也就是說，絕對不會有一個物體（比如檯燈、汽車），同時在這裡又在別處，所處位置以機率雲分布。也絕對不會有一隻貓咪，同時是死貓又是活貓，跟箱子有沒有打開沒關係。

　　外行人誤用還情有可原，有些專家有意無意間，將機率決定的事情，解釋成薛丁格的貓，混淆了大眾的因果關係推論，有時會對生活產生有害的影響。舉例而言，情侶發生性行為，有一定的機率會懷孕。要嘛有懷孕；要嘛沒懷孕。都是很確定而互相排斥的結果，絕不是什麼「既懷孕又沒有懷孕」的量子疊加態。要知道有沒懷孕，就要驗孕。驗孕的方式也有一定的準確率（機率），要嘛正確；要嘛不正確。也不是「既正確又不太正確」的量子疊加態。所以，如果怕懷孕，正確的作法就是去驗孕。也不能說成「只要不驗，就不確定有沒有懷孕」，像薛丁格的那隻貓。

　　寫作本書的當下，全世界都被 Covid-19 疫情的陰影所籠罩。各國為了防疫，所採取的篩檢策略不盡相同。有的國家不怕花錢，儘量讓民眾篩檢，以便及早找出確診患者，也能控制疫情的傳染。有的國家怕花錢，沒辦法篩檢，等患者真的開始出現症狀，再來治療、隔離。這都算是因應各地風俗民情，可以理解的策略。

　　但是，有一種論點超可怕，主張儘量不篩檢。他們說就像薛丁格的貓，只要不打開箱子，就不知道牠是死是活（變成武斷的因果關係了）。只要不篩檢，就不會有「確診」個案。帳面上好看，人死活不管，這就非常不可取了。

　　這種策略你現在應該會辯駁吧？亂搞科學的人會遭報應的，這可不是武斷的因果關係。

3-3 波粒二象性

本節對應課綱			
主題	次主題	學習內容	學習表現
自然界的現象與交互作用（K）	量子現象（Kd）	PKd-Vc-6 光子與電子以及所有微觀子都具有波二象性。 PKd-Vc-7 牛頓運動定在原子尺度以下並不適用。	tr-Vc-1 能運用簡單的數理演算公式及單一的科學證據或理論，理解自然科學知識或理論及其因果關係，或提出他人論點的限制，進而提出不同的論點。 （例如：光子與電子有共同的特性一波粒二象性） ah-Vc-1 了解科學知識是人們理解現象的一種解釋，但不是唯一的解釋。 （例如：原子尺度與巨觀世界的規則並不是一體適用）

　　光的波動特性，能在單狹縫繞射或者雙狹縫干涉中，被理論與實驗證實。而普朗克的黑體輻射理論與愛因斯坦解釋光電效應的光子論，卻又描述了光的粒子性。那麼，光到底是波動還是粒子呢？

　　另一方面，德布洛伊的對物質波動特性的洞見，也在電子上被實驗證實。也就是說，電子又是粒子又是波！真是匪夷所思。

　　粒子的特性是具有能量及動量，且可以依照其速度預測運動的軌跡；而波動特性的特徵則是，需要用機率來詮釋粒子所分布的位置。

　　以上的實驗與理論的確需要「嫁接」波動性與粒子性這兩個看似互不相容的性質，才能通盤、全面的解釋世界上各種巨觀及微觀的特性。就像你拿放大鏡看你畫出來看似連續的筆跡，其實是一點一點的墨跡組合而成。

　　光子的能量等於普朗克常數乘上頻率。因此，普朗克常數若變得更小，每個光子的能量也變得更小。那麼，光能量量子化的特性就會變得更不明顯，光的波動特性就會變得更顯著。就像是一點一點的墨跡變得更小，筆跡看起來就變得更連續平順一樣。

　　如果你只用一個電子通過雙狹縫射向後面的屏幕，你一定能夠告訴我這個電子是經由雙狹縫中的哪個狹縫通過的。那兩個電子呢？三個電子呢？成千上萬顆電子呢？

　　在 1961 年瓊森成功觀察到電子的雙狹縫干涉實驗圖案[6]。這個美麗的圖形震驚了世界。也被費曼稱為量子力學的核心關鍵。

　　這除了再一次的確定電子的確具有波動的特性，也告訴我們，電子因為表現出波的特性，再也無法準確的判定電子是從哪個狹縫通過而到達屏幕。而這些神奇現象也確確實實的存在於這個真實又複雜的世界當中。

　　曾經出了一本 *How to Teach Physics to Your Dog*（如何教你家的狗學物理）的 Prof. Orzel 曾說：「若我們不了解量子物理，那麼是不可能了解現代的世界。」

6　Google 圖片：雙狹縫干涉。

　　量子的世界複雜難懂，有一群專家擔任顧問的 Youtube 頻道名叫"Dr. Quantum"[7]，裡頭有許多有趣的影片，應該可協助你克服量子恐懼症。

　　順便還可以學英文喔！

跨領域素養 ➠ 關於「意識」

　　雙狹縫干涉實驗中，光的詭異行為，除了震撼物理學界以外，也外溢到其他許多知識領域，引發許多新議題。其中，最深層的是有關「意識」的討論。

　　什麼是「意識」？一般來說，是指生物的感受、情感、慾望等等的合稱。在比較低等的生物，「意識」就比較簡單，比如病毒、細菌之類，大概只有生存和繁殖（複製自己）慾望；比較高等的生物，還會有同理心（群居動物）、情愛等行為；最高等的生物，也就是人類，意識作用就超強了，七情六慾、五花八門；還有最重要的想像力，都是「意識」作用的結果。

　　「人為萬物之靈」這句話中的「靈」，通常是指「意識」。它不同於智慧或知識，很難解釋為純然在腦神經系統中處理的資訊（Information）。這也是目前在人工智慧（AI, Artificial Intelligence）發展上最大的挑戰 —— 電腦可以真的很有「智慧」，擊敗圍棋高手、診斷比醫生還要準確，但很難具有同理心 —— 安慰痛苦的病人；勝不驕，敗不餒。是否能在短期內看到有如《魔鬼終結者》般有感情、願意捨身救人的機器人，目前看來很悲觀，if not impossible。

7　Youtube: Dr. Quantum。

　　把尺度縮小到分子層級，也有關於「意識」的問題。最重要的題目是基因的行為。目前已知，基因是一串用來儲存遺傳密碼的蛋白質分子，有如控制電腦的程式，交給細胞內的蛋白質工廠來「執行」（主要是複製），形成各種生物組織，進而產生各種行為。然而，**《自私的基因》（這本學測常常拿來考，建議要讀）**卻說：基因「想要」自我複製以保證種族的延續。也就是，基因有「慾望」、有「意識」，這就令人費解了。因為若以電腦程式的比喻來說，任何程式都沒有辦法「自我執行」；包括電腦病毒也是。必須先有「第一個人」（上帝？）把它載入系統中，有「意識」命令它執行才可以啊！

　　在第一章曾經講過「機械論」，認為所有的物質都只是粒子的組成。粒子沒有生命、沒有意識，只不過像時鐘一樣機械化運動罷了。無論原子、分子、或一長串蛋白質分子，都不應該有意識才對吧？目前我聽過最令人滿意的解釋是：基因沒有「意識」。它的行為純粹只是分子「隨機碰撞」產生的結果，我們人類誤認它有「意識」罷了。至於要怎麼隨機碰撞，才能從一鍋蛋白質分子濃湯，撞出一隻可愛的貓咪來？現在科學界還在戰，我們就靜觀其「辯」吧！

　　再進一步縮小尺度，回到雙狹縫干涉實驗，光怎麼會在有人看（觀察）的時候表現得像波動；沒人看的時候表現得像粒子？

　　這真的有點像時下青少年，在家有父母在，就表現得很叛逆；出外沒父母在，又表現得謙恭有禮。難道，光也像人類一樣有「意識」？

　　這一直是科幻小說和偽科學最喜歡的題材，光子像特務，還會思考、匿蹤、暗殺……甚至引申出「萬物有靈」等泛神觀念。物理上的解釋，在課堂上老師一定講過了；至於非物理學能解釋的部分，本書就不多費筆墨了。

加深加廣 ➠ 奇妙的量子現象

習慣被權威告知知識的我們，一開始聽到粒子具有波動性的時候，可能覺得德布洛伊的物質波的概念、革末及湯姆森的電子與 X 光有繞射現象或許就足夠了。但有許多科學家持續探究：如果粒子真的有波動性，那還可能觀察到什麼奇妙現象？

穿隧效應

第一個被觀察到的是著名的「量子穿隧效應」（Quantum tunneling effect）。

粒子和波的行為特性是不同的。以粒子來說，比如一顆子彈，將它射向一面牆時，不是撞到牆而反射；不然就是能量大到足以打穿牆。以波來說，比如聲音，部分聲音會遇牆反射；部分聲音則會透牆而被接收。

有趣的來了，若粒子具有波動特性，表示粒子應該跟聲波一樣，會有部分的機率被反射，而部分的機率透射過去；不是只有反射與穿透兩個選擇，就好像粒子可以像變魔術穿牆術一樣。科學家觀察到，在微觀尺度下，量子（比如一顆電子）真的可以在不擊穿牆（能量障壁）的狀況下穿過牆，那就叫穿隧效應。尤其在那面牆非常非常薄（奈米等級），且它形成的位能障礙相對於電子的能量比較接近的時候，穿隧效應會非常明顯。

如前所言，現在的半導體製造技術已經進入微觀世界（台積電剛宣布蓋三奈米新廠），設計電路時不能不考慮穿隧效應。電路元件愈做愈輕薄短小，小到一定程度以後，本來該絕緣（電子過不去）的地方，卻導電（不絕緣）了，導致電路功能錯誤，那就是量子效應而造成的物理極限。這也是絕大部分科學家預測半導體技術未來

一定「需要」（不一定作得到）一場新革命的原因，稱為後摩爾定律時代（Beyond Moore's Law）。

　　如前所言，物理現象沒有好壞，運用存乎一心。穿隧效應也可以拿來推進科技，比如 IBM 的科學家已經用穿隧效應設計了目前全世界解析度最好的顯微鏡：掃描穿隧顯微（Scanning tunneling microscope），可以真正看到材料上原子排列 [8]。

　　工程師（Engineer）和科學家最大的不同在於，工程師有時候不那麼關心問題的成因（Why），只關心怎麼解決問題（How）。半導體元件的量子效應怎麼解決呢？許多工程師乾脆利用穿隧效應來設計元件。比如「磁阻式隨機存取記憶體」（Magnetoresistive Random Access Memory）就是用穿隧效應設計的，甚至比現在的記憶體讀取更快更省電。總的來說，未來不管在物聯網（IoT）或者是大數據（Big Data）以及人工智慧（AI）的運算，都能利用穿隧效應等量子現象開發的硬體元件才能有更好的發展。

量子糾纏

　　愛因斯坦的相對論已經說明，所有的粒子的速度都不會比光速（光子是「無質量」粒子）來得快。但是在 1982 年時，科學家證實了兩個（成對）粒子間（包含光子），有「超過光速」的交互作用存在，被稱之為量子糾纏（又稱「量子纏結」，Quantum entangle）。這現象似乎牴觸了相對論中對於資訊傳遞所設定的速度極限，

8　有興趣的同學可以 Google：Scanning tunneling microscope 可看到許多美麗的原子排列。

詳細的機制，大家也還在探究中，但已經逐漸被應用作為量子通訊的基礎。除了可以想像的超高速通訊外，也可以應用在通訊安全上，比如，若有人更動了一個量子的狀態，勢必也會一下子被另一個量子狀態的改變而發現。

這些理論說起來很容易，但實作起來可一點都不簡單。打個比方來說，你有沒試著用手撿起過「一粒」麵粉？很難對吧？這是哲學問題：你想要處理很小的東西，就要使用很小的工具。那，想製造很小的工具，也需要很小的工具機⋯⋯這樣推理下去，就知道難度何在。因此，目前世界各國都在量子電腦的領域上下功夫，想要在下一代的科技競逐中，搶得領先優勢。

時下網紅團體也有意地無意常將量子糾纏引申、誤用，那就和物理學沒關係了。如果還對種種奇妙的量子現象有興趣，推薦一本給小孩看的量子力學童書叫做 *"Quantum Physics for Babies"* （作者：Ferrie・Chris，原文出版社：Sourcebooks Explore）。如果你不學，以後可能就會被更小的小朋友淘汰了，祝大家好運！

附錄

素養導向教學與命題

盧政良

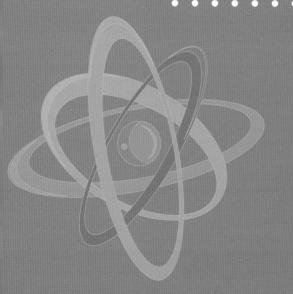

「學習表現」與「學習內容」

　　比對新課綱（108 課綱課程[1]）與舊課綱（99 課綱[2]）的內容，不難發現，舊課綱撰寫方式以物理課程內容為主，告訴大家高中物理課程要教（學）哪些東西。再進一步分析，可以發現在「肆、實施要點」當中的「五、教學評量」裡面的文字提及：

　　（三）評量之內容，應以教學目標和學習行為目標為導向。在認知方面，按記憶、理解、應用、分析、綜合、評鑑等不同層次，設計評量試題，題型宜生動活潑，並求難易適中；在情意方面，著重科學精神和科學態度的表現；在技能方面，則考查實驗操作的技巧和設計的能力。

　　108 課綱的自然領綱有大幅度的變動，從目次即可看出端倪：「伍、學習重點」底下很顯眼的就是每個學習階段都有「學習表現」與「學習內容」：

1　108 課綱 自然領綱 https://ppt.cc/f0S9Gx
2　99 課綱 物理 https://reurl.cc/MdoWrm

目 次

　　「學習內容」就是以往課綱最強調的課程知識內容，而「學習表現」則是對應到課綱希望學生可以獲得的能力。同學們可能會覺得疑惑，有什麼值得特別說明之處嗎？接著看教育部網站上提供的資料——素養導向「紙筆測驗」要素與範例試題[3]，內容明確提到「素養導向紙筆測驗之要素」：

（一）佈題強調真實的情境與真實的問題：以往的紙筆測驗多著墨於知識和理解層次的 評量，素養導向則較強調應用知識與技能解決真實情境脈絡中的問題。除了真實脈絡之外，素養導向試題應盡可能接近真實世界（包含日常生活情境或是學術探究情境）中會問的問題。

（二）評量強調總綱核心素養或領域／科目核心素養、學科本質及學習重點：各領域／科目的素養導向評量強調「學習表現」和「學習內容」的結合，並應用於理解或解決真實情境脈絡中的問題。

　以及相關說明：

（一）素養導向評量可以單題命題，未必要以題組的型態來進行，題幹也不見得要很冗長才能稱為素養試題。

（二）知識、理解、技能常被視為應用的基礎，有些基本知識、概念和技能是素養培育的重要基礎，因此在學科評量不一定完全採素養導向的情境題，尤

3　素養導向「紙筆測驗」要素與範例試題 https://reurl.cc/r8VoMr

其是學校內的形成性評量，應列入一定比例的基本知識、概念、能力之評量題目，但評量時也應兼顧學生是否理解能習得知識之目的，因此應該要有一定比例的素養題，才能讓學生體會到學習是有用的，進而提升學習的興趣，符應素養導向的十二年國民基本教育之課綱。

　　由此可知，新課綱實施後，學科評量雖然不是完全採素養導向評量，仍有一定比例的素養題。而素養導向紙筆測驗強調「真實情境與真實問題」以及「學習表現與學習內容」結合的真實問題。

　　有鑑於此，本書會列出課綱學習內容以及對應的一些學習表現供讀者參考，也會提供一些素養導向試題的示例供讀者參考練習。

素養導向教學

　　先從一個長期被誤解的經典實驗談起——

　　「蠟燭燃燒、水面上升」，主要的目的是詮釋大氣中的氧氣約占五分之一。相信很多人也和筆者一樣，對這個實驗深信不疑。幾年前筆者陪著學生準備英文物理辯論賽，其中就有一道關於這個實驗的題目[4]，相當令人困惑：「這有什麼好研究的，不就是確認空氣中的氧氣比例嗎？」還以為外國人不知道這個實驗。隨著實驗進行，卻發現愈做愈不合理，除了嘗試許多不同方式探究，也找到許多相關的研究資料，才驚覺

4　原題目在 http://iyptmag.phy.ntnu.edu.tw/upload/journal/prog/51e0fdd3_20140702.pdf，有興趣的同學請自行參考。

這實驗並不單純，甚至有很多大家誤解的地方，和學生花了一番功夫做了深入的探討之後，獲得了一些成果。

以往的教材將這個實驗作為一種證明「空氣含氧量約為 21%」的方法。然而，事實並非如此。

這個論證有三個嚴重的瑕疵：

問題1：氧氣被完全消耗殆盡？

一個簡單的方法來顯示蠟燭只消耗瓶裡的一部分氧氣：同時用兩根蠟燭進行實驗，一根短，一根高。你會發現高的蠟燭先熄滅。由於短蠟燭在高蠟燭熄滅後繼續燃燒，由此可知，高蠟燭的熄滅並不是因為氧氣完全用完。

問題2：消耗的氧氣生成二氧化碳或其他氣體？

即使蠟燭消耗了所有的氧氣，仍會生成相當比例的二氧化碳或其他氣體，玻璃容器內的氣體體積變化並非只由氧氣消耗造成，顯見上述實驗解釋也不合適。

問題3：空氣的熱脹冷縮？

查理定律告訴我們，空氣體積在加熱時會膨脹，在冷卻時會收縮。蠟燭燃燒時加熱周圍的空氣，因此容器蓋下時，燭火周圍的空氣溫度上升，密度也較小，瓶內的空氣甚至會排出。隨著燭火熄滅，空氣冷卻而體積收縮，使得水面向上拉升。

　　由以上幾個問題出發，近年一些科展作品以及教學設計，針對上述問題著手進行研究，再應用到教學現場，卻衍生出一些問題，例如：

　　有些人認為氧氣變為二氧化碳，而二氧化碳只是略溶於水，因此液面高度應該不會有太多改變，也提出實驗數據證明其論點。

　　也有人研究嘗試進行化學計量：

$$C_nH_{2n+2}\ (\text{蠟燭}) + \frac{3_n + 1}{2}\,O_2 \rightarrow n\,CO_2 + (n+1)\,H_2O$$

　　其中的 n 約為 18~30，以 n=25 來估算可得：

$$C_{25}H_{52} + 38\,O_2 \rightarrow 25\,CO_2 + 26\,H_2O$$

　　假設 H_2O 都凝結成水，且氧氣占五分之一，可計算出：$\dfrac{1}{5} \times \dfrac{38 - 25}{38} = \dfrac{13}{190}$

$\sim \dfrac{1}{15}$，其實驗數據大約是 7%。[5]

　　還有學生嘗試使用凸透鏡聚焦太陽光點燃燭火，如此可避免蠟燭燃燒後蓋上玻璃

5　相關探究資料請見：〈水位真的上升 1/5 嗎？〉 https://goo.gl/wAC95t

瓶造成的熱空氣，做出來的結果卻是水面幾乎沒有升降。[6]

　　有趣的是，以上的論點似乎都並不相容。近年更有學者以這個實驗的教學過程對科學教師進行研究發現：科學教師可能會自信地使用不正確的知識來教導他們的學生而導致學生的誤解[7]。

　　近期由於實施十二年國教新課綱（108 課綱），高中階段首次規劃了探究與實作課程，旨在教導與培養學生探究與實作能力，筆者參與了一些課程的設計與教學分享，蠟燭燃燒就是其中一個非常受到喜愛的主題，除了會帶給教學現場的老師們很大的衝擊，也很適合讓老師們思考如何引導學生進行探究以及科學實作論證，尤其在教學現場可以看到許多學生的觀察力與創意令人驚豔。在現今網路資訊唾手可得的時代，過多錯誤的資訊與似是而非的知識，更需要培養學生科學探究與判讀能力。最近聽到很棒的一句話：「科學的出發點是懷疑，而不是相信」[8]，個人非常認同，與大家分享。

素養導向命題

　　雞蛋可說是廚房裡最普及、最不可或缺的食材，水煮蛋則是最簡單也是最普遍的料理方式。雞蛋不同熟度時的口感迥異，營養價值也大不相同，某些料理還需要非常精準地確認雞蛋的熟度，然而通常只能透過加熱烹煮的時間約略掌控其熟度。如需進

6　相關探究資料請見：〈悶熄蠟燭燃燒實驗的重新設計〉 http://w3.hyps.tp.edu.tw/~natu/science/10104.pdf

7　Harkirat S Dhindsa https://goo.gl/uMWfeC

8　鄭志鵬老師演講 https://youtu.be/VKViEAEuD9k?t=8m47s

一步確認，多會以旋轉、滾動、照光或是鹽水漂浮的方式進行檢測，卻仍是非常不準確。前幾年的英文物理辯論賽 IYPT（International Young Physicists' Tournament）就有一道題目要大家提出非侵入性的方法來檢測水煮雞蛋的熟度，並研究這些不同方法的靈敏度。筆者陪著學生煮了數百顆雞蛋，嘗試設計多種不同的檢測方式、蒐集數據並加以分析比較，發現一些非常有趣的結果，令人最感到驚訝的是我們居然無法由雞蛋的密度來區分雞蛋的煮熟程度。

日前和夥伴進行新課綱的探究與實作課程的開發與設計時，想到這個主題貼近生活又很有趣，同時也需要將所學知識應用在實際的情境，於是設計了三顆雞蛋的課程。我們準備了三顆不同熟度的雞蛋，並提供棉繩、燒杯、食鹽、電子秤以及一些簡單的工具，讓同學們討論設計不同的方法辨認三顆雞蛋的熟度，過程中，同學們的討論相當熱烈，需要和夥伴討論出幾種不同的檢測方法並實際去辨認雞蛋的熟度，還需要將整個過程——從實驗的設計、儀器的架設、數據的量測、分析，以及最後所得的結論記錄並發表。發表的過程中，老師只需協助同學們之間的提問與交流，盡可能地不要做任何評價與批評，如此有助於培養同學表達與溝通互動的能力，效果通常令人驚豔。

這主題有趣的地方在於，事先不知道哪顆雞蛋較熟的情況下，通常需要兩種以上的檢測方式來比較確認雞蛋熟度。卻可以看到會有一些同學直接以雞蛋密度來檢測雞蛋的熟度，然而，有些人提出雞蛋愈熟，密度愈小；有些人則認為雞蛋愈熟，密度愈大，這些分歧的意見會產生很精彩的討論與互動。例如有同學觀察煮雞蛋時，內部的氣室會有氣體跑出來，因此認為浮力會變小而上浮；也有同學指出，浮力與排開液體的體積有關，氣室氣體排出後，浮力也不會有太大改變；還有關於蛋白質煮熟後凝固，

很多人直覺認為雞蛋變重……經過一些問答與討論後，很多問題往往可以獲得一些修正或釐清。值得一提的是，真實情境的問題探究的過程，通常都是跨科或是跨領域的。

雖然大家都不喜歡考試領導教學，隨著新課綱的即將實施，大考若能配合作出一些調整，也勢必可以造成相當程度的影響與助益。大考中心近期公布了「108 新課綱與素養導向命題精進方向」，明確地告訴大家精進素養導向命題的三大重點方向：「情境化」、「整合運用能力」以及「跨領域或跨學科」。

物理教育學會舉辦的第一屆全國高中探究實作競賽便嘗試以素養導向命題，其中有一道試題相當值得與大家分享：

桌上有三顆無法由外觀辨別熟度的雞蛋 A、B、C，雲妹和中哥想透過科學方法分辨三顆雞蛋的熟度，經過觀察和討論後，雲妹決定將三顆雞蛋同時放入裝有自來水的大燒杯中，結果發現：A、B 兩顆雞蛋下沉，C 則是浮在水面上。因為無法分辨 A、B 兩顆皆下沉的雞蛋，雲妹又在水中加入食鹽，發現 A 雞蛋仍沉在杯底，而 B、C 兩顆雞蛋則是浮在水面上。

根據以上實驗結果，雲妹是否可以分辨三顆雞蛋的熟度？

(A) 可以。C 雞蛋熟度大，B 雞蛋次之，A 雞蛋熟度小。

(B) 可以。A 雞蛋熟度大，B 雞蛋次之，C 雞蛋熟度小。

(C) 不可以。只能知道 C 雞蛋熟度最低。

(D) 不可以。需要將三顆雞蛋再加入不同濃度的鹽水溶液中。

(E) 不可以。需要密度以外的證據，才能做出正確推論。

　　分析考生的作答數據，發現有將近一半的學生選 B 選項。其實只要仔細閱讀題目敘述，不難發現，敘述的操作過程其實只是檢測出雞蛋的密度大小，而雞蛋的密度和熟度之間卻似乎沒有直接的關聯性。我們以試題反應理論（IRT）分析學生的答題狀況，發現答案選 B 的學生居然多是答題能力較好的學生，顯示許多程度不錯的學生容易將生活經驗過度推論。

　　傳統的科學教學多是屬於陳述性知識（Descriptive knowledge）的傳授，而程序性知識（Procedural knowledge）則是屬於動態、有程序的。它們的差別是：程序性知識是屬於「知道如何」（knowing how）的知識，陳述性知識則是「知道什麼」（knowing what）。近期相當熱門的 AI 人工智慧（Artificial intelligence）便以程序性知識的角度去處理資訊，獲得更好的知識推理。

　　科學論證能力並非僅教授陳述性知識，而是需要各種真實情境練習培養程序性知識。我們希望能培養學生判別資訊的合理性與論證能力，這些學生可以將所學應用在不同的情境，做出正確判讀。尤其在資訊爆炸的時代，各種偽科學以及假新聞充斥，學生更需要培養這方面的科學論證能力。

附錄

2

【學測選擇題答題祕技】BJ 九式

施百俊

先分享一個小故事

民國 77 年大學聯考時,我報考了第三類組(俗稱「醫科」組),總共要考七科:國、英、數、三民主義、物理、化學、生物(每科 100 分)。由於我志不在醫,所以生物一科早早就放棄了,根本沒讀。進到考場,純粹靠常識和下面要談的祕技去猜選擇題(非選擇題都不寫),時間沒到就站起來交卷了,嚇得同場的同學目瞪口呆,還被監考老師叫回來罰站……(昏)

重點是:我的生物成績出來,還比當年的均標還高喔!也就是說,純粹用猜的,可以打敗一半的人。只要你懂得怎麼猜!

當年的選擇題還有「倒扣」的設計(答題數學期望值是 0),猜錯會被懲罰(該題可能會得負分)。但是今日的學測,選擇題都不倒扣,也就是說,答錯頂多是 0 分,不猜白不猜。我簡單歸納成九個招式,就叫做「BJ 九式」吧!

第一式 ▶▶ 先讀答案,再回頭讀題幹

拿到考卷,先別急著作答。先花 30 秒鐘從頭到尾掃描一次,確定到底有幾題?有什麼題型?各大項題型分數加起來,是不是等於該科總分?這個工作很重要,可以確保你不會漏答任何題目。

接下來,從第一題開始,選擇題、非選擇題、閱讀測驗……都一樣,一定要先讀答案(區),再回頭去讀題幹。這是確保你的大腦先接收到答案的線索提示,再回去爬落落長的題幹時,能快速抓到重點。

會答的題目就先答，當下不知道該怎麼答、或者需要複雜計算的題目就當機立斷「跳過」，在題目紙上作個記號，等所有會答的題目都答完，再回過頭來「猜」。原理是：這個時間，腦中的意識在運算會答的題目；而潛意識正在默默地消化不會答的題目。請相信你的直覺。

第二式 ▶▶ 單選、多選都要猜

注意時間，在考試鈴響前 5~10 分鐘，停止往下作答。回頭過來趕快把所有跳過未答的題目猜完。

依大考中心的說明，各科單選題都沒倒扣，也就是說，猜答的數學期望值一定不為 0，猜一個答案就是了。

多選題本質上是 5 個獨立計算分數的「是非題」，分數計算稍微複雜：5 個答案全對是得滿分，錯 1 個得 3/5 題分，錯 2 個得 1/5 題分，錯 3 個以上得 0 分。而且並沒有 5 個答案全非（都不劃）的可能。

第三式 ▶▶ 至高無上「刪去法」

這一招我想高中老師都會教：無論是單選題、多選題，刪去「一定不對」的選項然後再猜──單選猜一個，多選全猜。

第四式 ▶▶ 絕對不要計算

在這裡也要提醒大家，如果你已經開始猜答，考試時間一定所剩無幾。記住：絕對不要計算！猜就好。算對一題的時間成本，絕對比猜對一題高太多了。

以下是比較高段的招數，跟出題老師鬥智；在數學期望值上做功夫 —— 儘量提高猜中機率，但不保證猜中就是了。

第五式 ▶▶ 單選題算答案分布

有的老師（或同學）會教你通通猜 C。那招早就被出題老師識破了 —— 考卷定稿之前，出題老師會調整所有答案選項的分布，儘量讓 A、B、C、D、E 的比例平均。所以，你通通猜 C，答中的期望值並不會高於隨便亂猜。

但也正因為如此，給了我們猜答的線索。這時，你應該做個快速統計，計算你會答的題目中，A、B、C、D、E 的分布比例如何？然後，將所有不會答的題目猜那個最少的選項。

比如：全部單選題共有 20 題，理論上，應該每個選項都有 4 題。如果你只會做其中的 15 題，答案分布是：A (3)、B(4)、C(3)、D(2)、E(3)。D 最少，那你就將其他不會做的 5 題都猜 D 吧！

第六式 ▶▶ 「以上皆是（非）」找反例

　　近年的學測題目，常常會有「(E)：以上皆是」或「(E)：以上皆非」的選項。這或許是因為出題老師想不出其他的答案選項，或者單純只是想藉試題教育同學的結果。（不要懷疑，出題的大學教授和我們一樣都「好為人師」）

　　這也就給了我們猜答的線索和空間：如果 E 是「以上皆是」，那麼你就在前面的 A、B、C、D 中，設法找一個反例（錯誤答案）。比如 B 一定錯，那就證明了 E 絕對不是答案。一下就淘汰 2 個答案，只剩 A、C、D 三種可能性。真是太賺了。

　　「以上皆非」請比照辦理，找一個反例（正確答案）。如果你能找到 2 個以上反例，這一題簡直可以靠猜拿滿分。

第七式 ▶▶ 答案分組

　　這一式要旨在利用出題老師的心理，有四個變式：

　　一之形：如果他會出 2 個互相矛盾的答案，代表他是故意想利用反例來混淆考生。那也就是說，其他答案的可能性不高，就這 2 個當中猜一個吧！

　　二之形：如果你發現有幾個答案都「很像」（數字、描述、句子長短、用詞……等），那八成以上答案就在其中。猜一個，別去猜不像的。

　　三之形：有些答案看起來是同一組、有些答案看起來是另外一組、有些答案看起來就和人家不同組……選其中一組的答案。在多選題中也可以利用這個技巧，全選（或全不選）其中一組。

四之形：更進一步仔細觀察，我們可以看到多選題都會標註答案數目，絕大多數是（應選 2 項）。為什麼呢？出題老師怕人家猜答，5 項全選。也就是說，如果你全選，必定得 0 分。那出題的方式勢必受限制，大部分的狀況下，答案會兩兩成對矛盾（在其中選一個）、第五個截然不同（不選）。

如果是（應選 3 項）以上的題目，大膽全猜吧！你一定有賺沒賠。

第八式 ▶▶ 小心特殊選項，寧取中庸

一之形：0 最特殊。要嘛是它，要嘛一定不是它。如果題目看起來計算很複雜，我會猜答案一定不是 0。否則一大篇計算不就白做工？如果只有一個負數（或正數），也是同樣的道理。常數也一樣，比如光速、普朗克常數、莫耳數……計算複雜的問題，答案不太容易那麼簡單。

二之形：文字敘述型也有特殊選項，比如：無法判斷、不知道、不確定、資料不完整……都不太可能是答案。

三之形：一組數字有大有小的選項，不要選極端值（最大或最小），選中間的。

第九式 ▶▶ 相信直覺

人類的直覺經過數十萬年的演化，是求生最厲害的武器。如果你第一眼就覺得某個選項一定對（或錯），相信它，選下去！

第九式是百戰不敗的終極絕招，要怎麼練呢？說起來還是只有靠日以繼夜的苦讀苦練，才能養成這種殺手般的本能。

示範猜答

　　接下來，就用大學入學考試中心 109 年試辦考試 [1] 自然考科的選擇題（節錄），來示範這一套猜答祕技，首先要記住第一式，先讀答案，再讀題幹。然後我們假設下面題目你都不會，只靠常識和祕技來猜：

1. 星系是數億顆以上的恆星系統，星團是數百到數百萬顆恆星組成的系統，其中俗稱七姐妹星團的昴宿星團，更是從上古時代就被詳細記載，與北斗七星都是被各地古文明賦予傳說的對象。下列選項哪些正確？（應選 2 項）
   (A) 仙女座星系屬於銀河系
   (B) 我們與仙女座星系的距離大過銀河系的尺寸大小
   (C) 昴宿星團不屬於銀河系
   (D) 北斗七星的每顆恆星都屬於銀河系
   (E) 北斗七星的每顆恆星和地球的距離都一樣

解答：(B)(D)

多選題應選 2 項。首先運用第三式刪去法，刪去 (A)，因為題目內根本沒提到仙女座。然後刪去 (E)，用常識就知道北斗七星不一樣遠。（有哪兩顆星星會一樣遠啊！怎麼可能。）要能刪去 (C) 就需要一點天文知識了，不過要是我會賭一下昴宿星團屬於銀河系，因為古文明抬頭就能看見了。

---

2. 天文望遠鏡的影像解析能力，主要取決於其可解析分辨出的最小角度 θ，當觀測者與兩顆天體之間的觀測夾角若小於 θ 時，則望遠鏡就無法分辨出個別的星體。θ 和望遠鏡在進行觀測時接收之波長成正比，但和其口徑成反比。若要將接收之波長爲 600 奈米、口徑爲 6 公分的可見光望遠鏡，換成接收之波長爲 6 毫米的電波望遠鏡。依據上述，此電波望遠鏡的口徑須爲何，才能獲得與可見光望遠鏡相同的 θ ？

(A) 60 公分　(B) 6 公尺　(C) 60 公尺　(D) 600 公尺　(E) 6000 公尺

解答：(D)

這一題也可用刪去法，再加第八式三之形。刪掉最大 (A) 和最小的 (E)，其他猜一個。

4. 恆星的亮度變化有許多原因，除了本身的週期變化外，當恆星受繞行行星短暫遮掩時，也會發生亮度變化。2009 年發射的克卜勒太空望遠鏡專用於尋找系外行星，它專門找尋恆星受繞行的行星短暫遮蔽時，所產生的恆星星光遮掩現象。圖 2 所示（**圖片略，我們不需要**）是某恆星亮度隨時間變化的長期觀測數據，各點代表的是不同時間測量到的星光亮度，此恆星的亮度本身隨時間只會緩慢上下起伏，觀測數據中有時間上密集且大幅度下降的資料點。某科學家由此圖推斷此恆星有一顆行星，請從圖判斷該行星繞行恆星的軌道週期大約為幾天？

(A) 15 天

(B) 10 天

(C) 5 天

(D) 週期超過資料的觀測時間

(E) 由此資料無法判斷週期

解答：(B)

用第八式二之形先刪 (D) (E)。(A)、(B)、(C) 中我們猜中間值，答案果然是 (B)。

5. 近地面的風主要受到氣壓梯度力、科氏力與摩擦力影響。今有科學家想要探究風由陸地吹到湖上後，風向及風速是否改變，他們找了北半球一大湖泊並分成兩組人馬進行觀測，如圖3所示（圖片略，我們不需要）。第一組人在西北岸邊的甲地，第二組人在湖泊中央的乙地作觀測。若氣壓梯度力均勻分布，且不隨時間改變，則當甲地測到西北風時，乙地觀測到的風速大小和風向最可能如何變化？（應選2項）

乙地相較於甲地的風速大小		乙地相較於甲地的風向變化	
(A)	不變	(D)	不變（西北風）
(B)	變大	(E)	偏左（西北西風）
(C)	變小	(F)	偏右（北北西風）

解答：(B)(F)

這題其實是左右兩組答案中各選一個，猜吧。答案是 (B)(F)。第 7 題也類似。

9. X、Y、Z 為元素態的原子，已知穩定的 X^+ 和 Y^{2-} 離子都具有 10 個電子，Z 的質子較 X 多 9 個。下列有關此三種元素的敘述，哪些正確？（應選 3 項）

(A) X 之原子序為 10

(B) Y 元素於常溫常壓下可形成雙原子分子

(C) Z 元素具延性和展性且可導電

(D) 元素態物質 X 於常溫常壓下是固體

(E) Z 與 Y 所形成的化合物化學式為 Z_2Y

解答：(B) (C) (D)

刪去 (A)，其他猜一個刪去。如果你連刪去 A 都不會，那真慘了。

12. 政府宣導進出醫療院所可用體積百分濃度 75% 的酒精消毒殺菌。若購得一瓶 500 毫升、標示為 95% 體積百分濃度的酒精,該如何配製使其體積百分濃度成為 75%?

(A) 取 500 毫升 95% 酒精加入冷開水至總體積為 1000 毫升

(B) 於 500 毫升 95% 酒精中加入 633 毫升之冷開水

(C) 於 500 毫升 95% 酒精中加入約 75 毫升之冷開水

(D) 於 500 毫升 95% 酒精中加入約 133 毫升之冷開水

(E) 於 500 毫升 95% 酒精中加入約 375 毫升之冷開水

解答:(D)

這題照道理要會算,如果真不會算,先用第八式三之形先刪掉極端值 (A) (C),猜一個。

21. 甲、乙兩人在垂直於鐵軌的道路上，靜立等候火車通過，甲比較靠近平交道。火車以等速度行駛，並持續發出同一頻率的警笛聲，在時間 t = 3 秒時進入平交道。已知火車沿著觀測者視線方向的速率越大，則觀測者聽到的聲波頻率變化越大。若火車乘客和甲、乙兩人聽到的警笛聲頻率 f 隨時間 t 的變化如圖 9 所示（圖片略，我們不需要），則下列敘述哪些正確？（應選 3 項）

(A) 曲線 X 爲甲聽到的警笛聲變化

(B) 曲線 X 爲乙聽到的警笛聲變化

(C) 曲線 Y 爲甲聽到的警笛聲變化

(D) 曲線 Y 爲乙聽到的警笛聲變化

(E) 曲線 Z 爲火車上的乘客聽到的警笛聲變化

解答：(A) (D) (E)

第七式一之形。(A)(B) 是一組矛盾選項，(C) (D) 是一組矛盾選項，各猜一個。因爲（應選 3 項），那不就等於奉送一個 (E)。

24. 北宋沈括《夢溪筆談》提及：李舜舉家曾遭暴雷擊中，有閃光從西側房間窗戶離開，經由屋簷向上竄出，人們都嚇得跑出去躲避。暴雷停止後，房子卻依然完整，只是牆壁和窗紙都變成黑色；而在一個木架上，銀飾漆器上的銀全都熔化流到地上，漆器卻沒被烤焦，另有一把極剛硬的寶刀，也在刀鞘裏熔化為鐵汁，但刀鞘也完好無損。下列哪些說法最有可能用來解釋上文中敘述的現象？（應選 2 項）

(A) 房子的屋頂裝有避雷針，發揮了避雷功效

(B) 閃光是由雲端向下竄流到地面的閃電產生的

(C) 閃光是由地面向上竄升到雲端的閃電產生的

(D) 電流通過金屬使其瞬間熔化成液體流走，器物只與該液體短暫接觸

(E) 原文結語說的「以平常淺薄的情理見識，要洞澈真理，實在太難了」

解答：(C) (D)

出題老師想要搞跨領域，功力可差遠了呢！(A) 一定會被先刪掉，因為大家都知道那時沒有避雷針。(E) 也會被刪掉，因為文中根本沒講這回事啊！(B) (C) 矛盾，只有一個對。總共應選 2 項，所以 (D) 一定對。

25. 下列有關 DNA 粗萃取的敘述，哪些正確？（應選 3 項）

(A) 加入洗碗精（界面活性劑），可以破壞細胞膜、核膜，使染色體釋出

(B) 濃食鹽水可使 DNA 析出

(C) 鳳梨或木瓜中的酵素可以分解染色體的蛋白質

(D) 利用人工合成的蛋白酶可以取代鳳梨或木瓜

(E) 加入酒精的目的是使 DNA 脫水而析出

解答：(A) (C) (D)

這一題出得很糟，搞不好小學生就會答。運用常識，如果用濃食鹽水或酒精就能析出 DNA，那未免也太可怕了吧！

33-34題為題組

　　有些整齊切割的肉片，表面會出現虹彩色的光澤。某生在探究其原因時，發現根據同樣的肌纖維（肌細胞）構造圖，有甲、乙兩種模型可以解釋。圖 15（圖片略，我們不需要）顯示組成肌纖維的肌原纖維，它們都由左上往右下延伸，具有橫紋。各肌原纖維都以肌小節爲單位組成，小節兩端爲 Z 盤，中間有 A 帶（亦稱暗帶）與 I 帶。

　　試依以上資料回答 33-34 題。

33. 甲模型認爲肉片在被切割後，形成有規律的鋸齒狀表面結構，圖 16 爲其示意圖（圖片略，我們不需要）。當白色的平行光以固定角度 θ 入射時，依據惠更斯原理，各肌原纖維的橫截面可視爲間隔爲 d、完全相同的小波源，各自發出光波，而產生有如雙狹縫的干涉現象。肉片的虹彩色澤，就是白光中波長爲 λ 的光波彼此疊加後，在特定的偏向角度 ϕ 增強所造成的。下列關於此模型的敘述哪些正確？（應選 2 項）

(A) 爲了要定量驗證這個理論，必須確定肌小節的長度

(B) 爲了要定量驗證這個理論，必須測定 λ、ϕ 與 d 之間的關係

(C) 光波彼此疊加後會增強的偏向角度 ϕ，與 d 完全無關

(D) 光波彼此疊加後會增強的偏向角度 ϕ，與 λ 完全無關

(E) 依惠更斯原理，各小波源的尺寸大小，遠小於入射光的波長

34. 乙模型認為肉片具有層狀結構，因此當白色的平行光以角度 θ 入射到層狀結構的表面時，如圖 17 所示（**圖片略，我們不需要**），一部分會被反射，而其餘部分則被折射進入內部，並在各層間的界面發生反射與折射，最後再離開表面射出，產生有如肥皂泡薄膜的光波干涉現象。肉片的虹彩色澤，就是其中波長為 λ 的光波，由表面離開後，彼此疊加後會增強造成的。下列關於此模型的敘述哪些正確？（應選 2 項）

(A) 為了要定量驗證這個理論，必須確定肌小節中 A 帶與 I 帶的長度

(B) 依此模型，層狀結構中的各個界面與肌原纖維的 Z 盤大致平行

(C) 依此模型，層狀結構中的各個界面與肌原纖維的 Z 盤大致垂直

(D) 光波彼此疊加後是否會增強，與層狀結構各層的厚度完全無關

(E) 光波彼此疊加後是否會增強，與入射角度 θ 完全無關

解答：

千萬不要被題組題嚇到，它其實更簡單。因為出題老師和考生兩軍對陣，以情報戰的角度來看，出題老師透露太多資訊了，簡直太好猜！

33 題是 (A) (B) 一組，用第七式猜一個。(C) (D) 都是「……完全無關」用第八式二之形都不選；那麼勢必要選 (E)。答案是 (B) (E)

34 題 (B)(C) 互相矛盾，用第七式猜一個。(D) (E) 都是「……完全無關」用第八式二之形都不選。答案是 (A) (B)

　　單單運用這些技巧，這份考卷你得分絕對超過均標。這就是你買了也讀完這本書的獎勵。這 BJ 九式如果都參透，要考得差也很難。但還是要叮嚀一句：運氣也是實力的一部分 —— 愈有實力，猜題的運氣就愈好 —— 還是要多讀書才是最上策！

國家圖書館出版品預行編目 (CIP) 資料

學測物理. 下：電磁、能量與量子 / 施百俊，許華書，
盧政良著. -- 初版. -- 臺北市：五南圖書出版股份有限
公司，2021.07
　面；　公分
ISBN 978-986-522-760-9 (平裝)
1. 物理學 2. 中等教育
524.36　　　　　　　　　　　　　　　110006995

學習高手系列197

ZC1B

學測物理（下）：電磁、能量與量子

作　　　者 － 施百俊（159.6）、許華書、盧政良
發 行 人 － 楊榮川
總 經 理 － 楊士清
總 編 輯 － 楊秀麗
副總編輯 － 黃文瓊
責任編輯 － 李敏華
封面設計 － 姚孝慈
出 版 者 － 五南圖書出版股份有限公司
地　　　址：106 台北市大安區和平東路二段 339 號 4 樓
電　　　話：（02）2705-5066　　傳　　　真：（02）2706-6100
網　　　址：https://www.wunan.com.tw
電子郵件：wunan@wunan.com.tw
劃撥帳號：01068953
戶　　　名：五南圖書出版股份有限公司
法律顧問　林勝安律師事務所　林勝安律師
出版日期　2021 年 7 月初版一刷
定　　　價　新臺幣 320 元

經典永恆・名著常在

五十週年的獻禮 —— 經典名著文庫

五南，五十年了，半個世紀，人生旅程的一大半，走過來了。
思索著，邁向百年的未來歷程，能為知識界、文化學術界作些什麼？
在速食文化的生態下，有什麼值得讓人雋永品味的？

歷代經典・當今名著，經過時間的洗禮，千錘百鍊，流傳至今，光芒耀人；
不僅使我們能領悟前人的智慧，同時也增深加廣我們思考的深度與視野。
我們決心投入巨資，有計畫的系統梳選，成立「經典名著文庫」，
希望收入古今中外思想性的、充滿睿智與獨見的經典、名著。
這是一項理想性的、永續性的巨大出版工程。
不在意讀者的眾寡，只考慮它的學術價值，力求完整展現先哲思想的軌跡；
為知識界開啟一片智慧之窗，營造一座百花綻放的世界文明公園，
任君遨遊、取菁吸蜜、嘉惠學子！